Werner Lansburgh
"Dear Doosie"

Werner Lansburgh

“Dear Doosie”

Eine Liebesgeschichte in Briefen

Auch eine Möglichkeit,
sein Englisch spielend aufzufrischen

Anaconda

Die Deutsche Nationalbibliothek verzeichnet diese Publikation in der Deutschen Nationalbibliographie; detaillierte bibliographische Daten sind im Internet unter http://dnb.d-nb.de abrufbar.

Umschlagmotive: iStockphoto.com / © Liliia Rudchenko (Hintergrund), © Julia Kotowski (Postkarte), © Alex Mathers (Füller und Tintenklecks)
Umschlaggestaltung: Druckfrei. Dagmar Herrmann, Köln
Satz und Layout: InterMedia, Ratingen
Printed in Czech Republic 2011
ISBN 978-3-86647-582-3
www.anacondaverlag.de
info@anaconda-verlag.de

To D., der nie Gesehenen

People who like this sort of thing will
find this the sort of thing they like

Abraham Lincoln

Contents

übungshalber ganz auf englisch

Mostly about a Name

Dear Doosie,
warum ich Sie Doosie nenne, fragen Sie? Well, my dear, don't you understand German – verstehen Sie denn kein Deutsch? I am calling you Doosie, weil ich noch nicht recht weiß, ob ich Du oder Sie zu Ihnen sagen soll. Deshalb. That's why.

"... ob ich Du oder Sie ..." Könnten Sie mir bitte einmal ganz schnell dieses "ob" übersetzen?

Gut! (bzw.:) Schlecht! Nicht if, sondern whether, ausgesprochen wie weather, Wetter. Womit wir unsere Unterhaltung sehr englisch angefangen haben, mit Wettergeschwätz.

Verzeihung, sorry. Ich bin mit diesem whether-weather eigentlich recht unenglisch gewesen: I have made a pun, ein Wortspiel. So etwas mag im Deutschen vielleicht angängig sein, permissible, bisweilen sogar lustig, amusing. In England aber findet man es zumeist unerträglich, unbearable. Sollten Ihnen einmal Wortwitzeleien wie die meinen auf englisch serviert werden, dann bitte verziehen Sie den Mund, sagen Sie blasiert:

"that's a pun",

und Sie werden den Leuten, sofern Ihnen daran liegt, ob Ihres ureingeborenen Englisch imponieren – you will impress people. Ja, impress, "imponieren", sagen Sie bloß nicht impose, was "aufbürden" bedeutet, "aufdringlich sein".

"What an imposition", könnten Sie zum Beispiel sagen, "was für eine Aufdringlichkeit, mir gleich mit diesem Doosie ins Haus zu fallen."

Did you say so? Yes or no?

Danke. Very sweet of you.

To summarize, zusammenfassend: Ich nenne Sie Doosie, liebe Doosie, weil eben bis auf weiteres Du-Sie. Das englische "you" kann, wie Sie wissen, beides bedeuten, je nach Intimitätslage, hilft uns aber im Augenblick überhaupt nicht weiter, it won't get us anywhere. Wieviel weiß denn ich von Ihnen als Leser, und wieviel wissen Sie von mir als Schreiber? Nothing. Etwas eleganter: Nothing at all. Noch eleganter, wirkliches Englisch: Little or nothing.

That reminds me. Das erinnert mich an Sir Reginald, den damaligen Botschafter in Stockholm. "Sir" kann übrigens, um hier aus Diskretionsgründen die Nation offenzulassen, auch ein amerikanischer Vorname sein wie etwa "Duke" (Ellington), "Count" (Basie) usw. Anyway:

Wir reisten einmal zu dritt, Sir Reginald, Lady *** (seine Frau) und ich, letzterer als eine Art secretary, nach Nordnordschweden, zur midnight sun. Eine Sehenswürdigkeit, da die Sonne da oben zu faul ist, auf- bzw. unterzugehen, too lazy to rise and set. Und da nun während dieser Mitternachtssonnenreise der gute Sir Reginald beim Sprechen nie sein Gegenüber ansah – er war ja schließlich Diplomat –, wußte ich nie, ob sein "you" (z. B. "you had better go to bed now") mir oder seiner Frau galt, die sich überdies nach ein paar Tagen als seine Geliebte, his mistress, entpuppte: Wie die Sonne dort oben, standen beide schließlich überhaupt nicht mehr auf.

Lektion I: "Mistress" ist Geliebte; aber wenn brutal zu "Mrs" zusammengehauen und entsprechend schludrig ausgesprochen: *Ehefrau.*

No, Doosie, "you" won't get us anywhere. Am liebsten – preferably, I'd prefer to, I'd rather, besser: I'd love to –, am allerliebsten würde ich Brüderschaft mit Ihnen trinken. Aber sosehr Sie auch your fascinating arm um den meinen schlingen und wir beide, both of us, dabei je ein Weinglas zu balancieren versuchen, so wäre eine solche Leibesübung zwar an sich auch auf englisch möglich, it would be possible as such, physically, aber sprachlich käme dabei kaum etwas heraus, *little or nothing*, d. h. überhaupt nichts.

Sie wissen es sicher schon selber: "Brüderschaft", fraternity, brotherhood, sisterhood etc., das alles ist im Englischen untrinkbar, simply undrinkable. Und wie Sie sicher gleichfalls wissen, as you probably know as well, geht Brüderschaft wie so vieles andere in England sehr diskret vor sich – such things happen very quietly, discreetly and informally.

Etwa so: Man sagt "you" zueinander, bis plötzlich der eine den anderen ganz lässig, fast unmerklich – *casually* – mit dem Vornamen anredet, with his or her Christian name – oder auch, vielleicht etwas amerikanischer, aber deshalb keineswegs schlechter: with his or her first name or given name.

Nun weiß ich aber Ihren Vornamen nicht, Doosie, I have not the slightest idea. Weshalb ich Ihnen auch, to be fair, den meinen nicht aufdrängen-impose will; Sie könnten mich etwa – das wäre übrigens sehr englisch – nur mit dem Anfangsbuchstaben meines Vornamens anreden, with my initial, W. Dieses W dann aber bitte meinem englischen Paß zuliebe englisch aussprechen: "double you", doppelt Du-Sie.

Ein Vorschlag, Doosie, a suggestion: Wir überlassen Einzelheiten wie Namen, Aussehen, Alter und Zivilstand, derzeitigen Wohnort und dergleichen unserer beiderseitigen Phantasie –

– nein, nicht "fantasy", das klingt gekünstelt, auch Langenscheidts "fancy" klappt hier nicht. Imagination, please.

Ist Ihnen doch recht, das mit der *imagination*?

Nochmals, to be quite sure, um ganz sicherzugehen, may I ask you once more: Would you mind if I call you Doosie?

Bitte jetzt um Gottes willen nicht mit "yes" antworten, wenn Sie mit der Sache einverstanden sind. Es wäre dies ein ebenso typischer wie – at least in certain situations – fataler deutscher Fehler.

Was ich damit meine, fragen Sie? Wie nett, vielleicht versuchten Sie's sogar auf englisch: "What do you mean … (with? by?) … that?"

by! ("With" ist falsch, aber genauso verständlich.) Also noch mal von vorn, der Klarheit halber: Would you mind if I call you Doosie?

Ihre Antwort bitte "no", wenn Sie "ja" meinen, und "yes", wenn Sie etwas dagegen haben.

Farbe bekennen, bitte! Yes *nein*, oder no *ja*?

That reminds me. Und zwar an (of) Tatyana, eine wunderschöne Polin, a ravishing Polish girl – bitte "Polish" mit einem langen o auszusprechen, die schöne Tatyana hatte nichts mit polish, Schuhwichse, zu tun –

– I once asked Tatyana: "Would you mind spending the night with me?"

Sie antwortete "Yes", was auf englisch eine ebenso korrekte wie klare Absage war – an sich, as such, in itself. Aber ich nahm sie beim Wort: *yes* ist schließlich *ja* auf deutsch, und auch auf polnisch blieb es dann dabei.

To return to you and me, um auf uns beide zurückzukommen: Es hat seine Vorteile, there is something to be said for it, daß wir ohne unsere Vornamen auskommen müssen: It simplifies matters.

Mitten in der Nacht kam nämlich von Tatyana ein sehr zärtliches "Oh, you are won–der–ful, Freddy!"

So etwas stört. Whatever my name, was auch immer mein Name, Freddy heiße ich nicht.

Noch peinlicher sind derlei Namensverwechslungen im nichtgeschlechtlichen Verkehr. Mein jetziger Chef zum Beispiel, ein in geschäftlichen Dingen stur zielstrebiger, in anderen Zusammenhängen oft recht zerstreuter Mann (zerstreut: absent-minded), nannte mich früher sehr oft "Ernest". Beispiel: "Thank you, Ernest." Das störte mich, it irritated me; denn erstens heiße ich nicht Ernest, und zweitens ist dieser Ernest einer der größten Schwachköpfe des Betriebes, mit dem kleinsten Gehalt noch dazu – sogar auf englisch, einer Sprache, in der man eher unter- als übertreibt: Ernest is one of the most colossal half-wits of the company, and the one getting the lowest salary at that. ("at that": noch dazu, obendrein; Sie können statt dessen auch "into the bargain" sagen.)

Inzwischen habe ich meinem Chef allerdings ein wenig verziehen, I have forgiven him a little, da er mich neuerdings mit "Frank" anzureden pflegt. Das ist zwar auch noch nicht mein Name, und dieser Frank ist gleichfalls ein half-wit-Schwachkopf, in fact an absolute idiot, aber immerhin der Generaldirektor.

– oh, thank you, Mrs Smith.

(Zu Ihrer Information, for background information: Meine Wirtin stellte mir soeben völlig freiwillig ein zweites Kännchen Kaffee auf den Tisch. Her coffee is excellent. And so is the inn or "Gasthof" in which I am writing this.)

Sorry, ich vergesse manchmal meine Lehrerpflichten, my duties as your teacher. Ich schulde Ihnen noch "Generaldirektor". So etwas heißt auf englisch general manager oder managing director, auf amerikanisch President. In letzterem Falle kann die Firma etwa die Vereinigten Staaten oder ein Staubsaugerunternehmen sein, und Staubsauger heißt *vacuum cleaner*.

Sie wußten das schon? Ja, meine Liebe, was wissen Sie denn eigentlich schon? How an earth am I to know the things you know? Wir müssen uns da in Unkenntnis unserer Kenntnisse wohl irgendwo in der Mitte treffen, der Sicherheit halber wohl in der unteren.

Ich freue mich, daß Sie das mißverstanden zu haben scheinen, obwohl es wirklich nicht anzüglich gemeint war. Believe me: this is no indecent proposition but a typically English compromise. Denn irgendwo in der Mitte, somewhere in the middle – again, for purely pedagogic reasons, rather in the *lower* middle – there are things which both you and I *do* know and where, nevertheless, nichtsdestoweniger, a little practice may do no harm.

Macht nichts, wenn Sie nicht alles mitbekommen haben, never mind. Ich meinte eigentlich nur: Übung kann nichts schaden, auch wenn man schon weiß. It's damned difficult to learn the things we know.

Again: Macht nichts, *never mind*, wenn Sie auch dies nicht ganz verstanden haben. Überhaupt, ein für allemal, once and for all: Bitte regen Sie sich nicht auf, don't get upset, wenn Sie nicht alles mitkriegen. Denn erstens kriegt man auch im Leben, insbesondere in England, nicht immer gleich alles mit, und zweitens werden Sie schon merken, wenn ich etwas von Ihnen will – you'll certainly notice: Men always want the same thing.

That reminds me. Als ich vorigen Herbst bei einem Ehepaar namens Vierlinger – but I had better stop now, for today at least, you seem to be tired.

Für heute: See you tomorrow.

Yours Ihr Dein

W

P.S.

Bitte lassen Sie uns jetzt eines verabreden, und zwar hoch und heilig, solemnly, once and for all:

Ich werde ein solches P.S. wohl recht oft schreiben müssen, *Sie aber brauchen es nicht zu lesen*. Noch mal: I bloody well have to write it, but you can safely *skip* it (ignore it, not give a damn about it).

Das liegt an unserem Lehrer-Schüler-Verhältnis: Von Liebe allein kann man weder als Lehrer noch als Autor leben – Sie aber in Ihrer Eigenschaft als Leser if you feel like it.

Somit die meinerseits obligate P.S.-Nachkontrolle. Völlig freiwillig für Sie, *voluntary*, oder noch eingeborener: *optional.*

1. Bitte übersetzen: Phantasie, Staubsauger, Generaldirektor, Schwachkopf. – Antworten unten, aber absichtlich unübersichtlich, messy and muddled, damit Sie mir nicht schon im voraus, *in advance*, hinschielen und mogeln, *cheat*.

2. Was heißt "Geliebte" auf englisch, und wie heißt die Anrede für "Ehefrau"? Sir Reginald and Lady *** haben es Ihnen vorexerziert.

3. Was heißt "Wortspiel"? Denken Sie an mein urfaules "whether/weather". – Übrigens, was das ewige englische Wettergeschwätz betrifft, so pflegt mein Freund Johnny – well, my friend Johnny would say:

"Everybody talks about the weather, but nobody does anything about it."

Aber jetzt nicht vergessen, "Wortspiel" auf englisch bitte.

4. Please translate "Übung", bei der wir uns, wie Sie sich vielleicht erinnern werden, durchaus anständig in der unteren Mitte treffen wollen. Apropos: bitte auch um "unanständig".

5. Sprechen Sie bitte "polnisch" und weiterhin "(schuh) putzen" aus und übersetzen Sie bitte: "Das erinnert mich an Tatyana."

Das wär's. Und hiermit schön unübersichtlich eingepackt: imagination; vacuum cleaner, übrigens im Alltag auch "vac"; general manager (that Frank fellow, the …) half-wit. – 2. mistress, Mrs; für Aussprache bitte kleines Wörterbuch anschaffen oder mich anrufen. A telephone call would be nicer for me but more expensive for you, it would be a long-distance call, ein Ferngespräch, and the distance would not be small –

– geographically at least.

Anyway, give you my telephone number later. 3. pun. – 4. practice; sagten Sie "exercise"? Nicht falsch, aber zumeist *Leibesübung* – Doosie, Sie machen sich! Ja, dann hatten wir noch: indecent; aber Sie können auch "obscene" sagen oder "equivocal" oder was Ihnen sonst noch für schöne deutsche Fremdwörter als Rettungsringe einfallen. – 5. Polish, polish – mit langem bzw. kurzem o. Und schließlich: That reminds me ... Tatyana. Die drei Punkte für das deutsche "an".

OF!

Nein, Aussprache nicht hart, nicht "off", sondern ein sehr weiches (o)–v, die meisten machen das falsch. Noch mal bitte, laut, "of".

Fast richtig jetzt, aber noch nicht ganz. Weicher bitte, molliger. Ja, jetzt ... fast. We'll do it again, tomorrow. Es ist spät geworden. Good night, Doosie.

The True Englishman

Dear Doosie,
dieses Ehepaar namens Vierlinger, das mir gestern einfiel, sollte möglichst schon heute drankommen. Aus geradezu zwingenden Gründen, for pretty good reasons – wortgetreuer: for cogent reasons –, und zwar folgenden:

Fast jeder Mensch hat irgendeinen Komplex, einen "Miko" or, in English, an inferiority complex. Caruso hatte vermutlich den, daß er nicht noch ein bißchen besser singen konnte; das Straßburger Münster findet sich wertlos, weil's doch nur einen Turm hat, only one steeple (nicht: tower); die süße Yvonne meidet alle Spiegel, mirrors oder looking glasses, because they would show her "golf-ball breasts", die sie zu klein findet – the sweetest breasts God and I have ever seen; und Sie, meine Liebe, komplexen nun schon jahrelang daran herum, daß Ihr Englisch so schlecht ist: "My English is so bad."

Darf ich Sie von diesem Komplex auf immer kurieren? Dazu müssen Sie allerdings etwas Geduld haben, it will take some time, etwa zehn Minuten, da ich Ihnen zu diesem Zweck eine Geschichte erzählen muß. It is the story of the true Englishman, die Geschichte vom echten Engländer.

Vorigen Herbst, last autumn, oder amerikanisch: last fall – ja, "fall" geht auch, ist sogar poetischer, weil doch die Blätter "fallen", bitte nicht vor allem Amerikanischen die Nase rümpfen. Auch bitte keine Angst haben, daß Sie in einem New Yorker "elevator" steckenbleiben, nur weil er auf England-englisch "lift" heißt –

Vorigen Herbst also wurde ich völlig unerwartet von Leuten, die ich kaum kannte – sie hießen Vierlinger, ich hatte ihnen einmal bei einer Panne in Schottland ausgeholfen, they were driving in their big Mercedes with the hand brake on –, von diesen Handbremse-Leuten nun wurde ich sehr herzlich nach Düsseldorf eingeladen. Flug bezahlt, first class. The difference between first class and tourist class hätte ich lieber bar gehabt, in cash. Aber man gibt nun einmal Leuten, die Erster Klasse reisen, kein Trinkgeld, you don't tip them.

Der Grund dieser sehr herzlichen Einladung, the reason for this cordial invitation became clear to me shortly after I had arrived in Düsseldorf. In their lovely winter garden, the Vierlingers told me about the Sallats.

Man erwarte Mr and Mrs J. B. Sallat aus London als Logierbesuch. Es handele sich hier um eine äußerst wichtige Geschäftsverbindung zwischen der Vierlinger GmbH und der *noch* größeren Sallat Limited. Man müsse also – na, wie solle er, Herr Vierlinger, es ausdrücken – man müsse einen guten Eindruck machen und möglichst auch mit Mr and Mrs J. B. Sallat ein wenig englisch sprechen können, und daran hapere es eben. Ob ich da nicht ein wenig ... nur so ein bißchen Konversation, sie seien ja selber leider blutige Anfänger.

They both blushed, erröteten. This, I felt, was unnecessary. If you have worked your way up because your father had no money to send you to a decent school, that is no reason for blushing. Now Mr Vierlinger had worked his way up, er hatte sich heraufgearbeitet, starting "from scratch" as a simple worker in 1945 and ending up as the boss of two thousand people. I would be proud of it, stolz wäre ich darauf –

– sich heraufarbeiten, bitte übersetzen Sie das. Auch "erröten" bitte, auf englisch. Don't look back, please.

Nur teilweise richtig. Noch mal:

As I said, the Vierlingers blushed; they weren't at all proud of having worked their way up. What they *were* proud of was Petra, their daughter. She was nineteen, very attractive, and had gone to a posh boarding school, auf deutsch etwa: in ein piekfeines Internat (in der Nähe von Bonn). There, the Vierlingers informed me, she had learnt "wirklich perfektes Englisch".

In fact, Petra's accent was perfect Oxford mimicry. She had been trained in phonetics and she spoke fluently, *fließend*, because she had stopped thinking any thoughts which could not be expressed with the 263 phrases or "structures" she had learnt in that boarding school. Zuviel Englisch auf einmal, Doosie? Es war nur eine kleine Eingewöhnungskur, forget about it.

In other words, Petra was proud of her English, and ashamed of her parents. Sie schämte sich ihrer Eltern und weigerte sich noch obendrein, ihnen auch nur ein einziges englisches Wort beizubringen. This is why I had been asked to come.

Da ich nun kein sogenanntes Oxford-Englisch spreche, sondern nur Englisch, fragte mich Petra schon am ersten Tag, woher ich denn eigentlich käme. I said that I was a Cambridge man and that, like all Cambridge men, I hated Oxford. This impressed her, ja, imponierte ihr so sehr, daß sie in der gleichen Nacht in mein Zimmer kam und –

– well, this is a delicate story. It all went well until she came very dose, sehr nahe, and started whispering, in her perfect Oxford mimicry:

Oou daaah-ling, douuh it, douuuh it!

I tried to douuuh it, do it, but I couldn't. I told myself again and again during that night how attractive she was, how dose, how soft, how sweet, how very this and that, but as soon as I *was* going to do it, she started again:

douuh it, daaah-ling, douuuh it!

I couldn't.

Bitte übersetzen, wahlweise: 1) Ich schäme mich deswegen; 2.) ich bin stolz darauf. Beides kam kurz vor meiner nächtlichen Begegnung mit Petra vor.

No, Doosie, don't say I am a cynic when I'm helping you to get your prepositions right. It's *of* in both cases. Just use "of" when you don't know exactly, and remember yesterday: always say "of" with a soft v, (o)–v, not offf.

As to Mr and Mrs Vierlinger, this was their little English exercise next morning:

"Our – was heißt *Tochter*?"

Daughter.

"– Our daughter is ... was heißt *nach Innsbruck gefahren*?"

She has gone to Innsbruck.

"Thank you. She – was heißt *besucht eine Freundin dort*?"

She is seeing a friend there.

("seeing" ist oft netter als Ihr steifes "visiting". Und "friend" ist ein sehr diskretes Wort: Es läßt Neugierigen gegenüber offen, ob man einen Freund oder eine Freundin hat.)

Ein paar speziellere englische Wörter wußte Herr Vierlinger jedoch bereits. "Bleistiftanspitzer" zum Beispiel, pencil sharpener, denn dieses war eines der Hauptprodukte der Vierlinger GmbH. Zwar sprach er sie in einem Wort aus, die Bleistiftanspitzer, dieweil doch auf deutsch in einem: *penzilschappnerß*. Aber das tun ja viele. The Germans can't get away from it – sie können nun einmal ihren sprachlichen Eintopf im Englischen nur schwer wieder auseinanderkriegen, es muß fröhlich weiter zusammengepanscht oder wenigstens doch – wie z. B. in Ihrem Wörterbuch – ein nostalgischer Bindestrich, a hyphen, dazwischengeschmuggelt werden: pencil-sharpeners, swimming-pool, love-letter.

Doosie, bitte nicht kuppeln! Bitte Worte wie Menschen behandeln, als Individuen respektieren. Be English! It's pencil sharpeners, it's swimming pool, it's love letter.

Doch zur Sache: Viel mehr als "pencil sharpeners" (Herr V.) bzw. "thank you" (Frau V.) wußten beide nicht, und der Besuch von Mr and Mrs J. B. Sallat war auf den

17. September angekündigt, also in genau acht Tagen, auf englisch sogar in noch weniger: in exactly one week.

Die Vorbereitungen waren demzufolge fieberhaft. In aller Eile wurde ein rosa Teppichboden oder "Spannteppich" in einem der Gastzimmer ausgelegt. Herr Vierlinger liebte Spannteppiche und wollte unbedingt von mir wissen, wie ein solcher auf englisch heiße.

"Fitted carpet", sagte ich tonlos, als handele es sich um Toilettenpapier.

Herr Vierlinger sah enttäuscht aus. Sein schöner Spannteppich. Es war nicht lieb von mir.

That reminds me, erinnert mich *an*, reminds me *of*, (o)–v, einen Teppich in London. "But that's another story", as Kipling says, or someone else, or both. Vielleicht erinnern Sie mich einmal an diese carpet story, if and when you feel like it; denn Frau Vierlinger kommt mir gerade dazwischen.

Ob denn so ein echter Engländer lieber chinesischen oder indischen Tee trinke, und was Zuckerzange auf englisch heiße –

– nein bitte, Doosie, wenn Sie das gleichfalls unbedingt wissen wollen, dann schlagen Sie diese Zuckerzange in Ihrem Wörterbuch nach, instead of interrupting me. Zur Strafe: Was heißt "wenn Ihnen danach ist" auf englisch? Darüber hinweggelesen? Da haben wir's. Kam im vorvorigen Absatz vor. Which reminds me of the Spaniards, sehr wichtige Geschichte in diesem Zusammenhang, much more important than the carpet story. Bitte erinnern Sie mich an diese Spanier, if and when you feel like it, "wenn und wann" Ihnen danach ist, and as soon as possible.

Weiter: Was man denn in England zum Tee serviere, fragte Frau Vierlinger. "Crackers?" Ob vielleicht im Garten – sie sagte "garden party", was Herr Vierlinger zu "Five o'clock tea" berichtigte, einer im heutigen England so gut wie unbekannten Erscheinung. (Say "afternoon tea" or simply "tea".)

Und welche Marmelade denn "feine Engländer" zum ersten Frühstück äßen, ob lieber Apfelsinen-, Kirschen- oder selbstgemachte Zwetschgenmarmelade.

"Just marmalade", murrte ich überlegen und ließ wohlig den fragenden Blick meiner Wirtin auf mir ruhen.

I know, Doosie, I know. Ich bin ein schlechter Mensch. I promise, ich verspreche, to try to become a decent human being if you will help me. I might even go to bed with Petra should she ever turn up again.

Marmalade, erklärte ich dann etwas milder – da sehen Sie schon die wohltuende Wirkung Ihrer Gegenwart –, marm*alade* sei stets Orangenmarmelade, alles andere sei "jam", und das äßen feine Engländer nicht zum Frühstück, auch unfeine nicht.

Von ham and eggs zum Frühstück erwähnte ich nichts, denn erstens heißt es heutzutage *Bacon and eggs* (billiger), und zweitens kann ich dieses Zeug trotz meines britischen Passes nun einmal nicht ausstehen, I can't stand it. Schon dieser unkeusche Geruch am jungfräulich unberührten Frühling des Tages – o heiliger deutscher Brötchenmorgen ferner Kindheit, in der man noch ein guter Mensch war –

Aber da kam's von Herrn Vierlinger: "Hämm änt äcks?"

"Das ist deutsch", fertigte ich ihn ab. Dann etwas menschenfreundlicher – thanks, Doosie –: "Vor allem in Hamburger Patrizierkreisen." Herr Vierlinger sah dankbar aus.

So far so good. Auch die Generalprobe, die dress rehearsal, verlief planmäßig (wobei das "ea" in dress rehearsal wie in "learn" auszusprechen ist). Man probte vor allem bei Tisch, und dies mit einem funkelnagelneu erstandenen antiken Wedgwood-Service.

"Please", sagte Frau V. und reichte mir die blümchenblaue Zuckerdose mit besagter Zuckerzange.

I couldn't bring myself to – ich brachte es nicht über mich, ihr "please" im Keime zu ersticken, quittierte es statt dessen mit einem artigen "no, thank you". Es hat keinen Sinn, einer freundlich gestimmten Anfängerin das "bitte" zu nehmen, auch wenn's auf englisch in diesem Fall nicht "please" heißt, sondern gar nichts. Sie *bat* ja schließlich nicht um die Zuckerdose, im Gegenteil. Auch ich hatte nicht darum gebeten, trinke Tee stets ohne Zucker, weil ich ein schlechter Mensch bin. What about you? Sugar or no sugar?

"If and when I feel like it."

Kam das von Ihnen? You seem to be poking fun at me, mich zu verkohlen. Please do it again and remember that word.

"Verkohlen" bitte, auf englisch, but don't look back, *please*.

You *have* looked back. Zur Strafe übersetzen: "So weit, so gut", im Sinne "soweit ging alles gut". Steht am Anfang des "dress rehearsal"-Absatzes, falls Sie's vergessen haben.

Dann kam der große Tag. Mr and Mrs J. B. Sallat wurden von Herrn V., Frau V. and yours truly ("Ihrem ergebenen" = mir) am Düsseldorfer Flugplatz erwartet. Their big Mercedes was waiting outside. I knew it well from Scotland – that hand brake, you remember.

Frau Vierlinger lugte eifrig an der Sperre nach einem aschblond distinguierten Gentleman namens J. B. Sallat (the true Englishman), während Herr Vierlinger nach einer hager hochgeschossenen English Lady Ausschau hielt. Merkwürdig, curious. Trotz allen Fernsehens und aller Auslandsreisen sitzt vielen immer noch das alte deutsche Schulbuch in den Knochen, nach dem die Engländer blond, schlank und "nordisch" aussehen. Und was Schulbücher von heute betrifft, so wird Englisch immer noch als "germanische Sprache" bezeichnet, obwohl es seit Jahrhunderten vorwiegend aus Latein und Französisch besteht. Merkwürdig, curious.

Immer noch hielten die beiden nach etwas Langem und echt Englischem Ausschau. Auch hatte mich Frau Vierlinger noch tags zuvor gefragt, ob das im Gastzimmer befindliche Doppelbett nicht doch "für Engländer" etwas zu kurz sei. Ich hatte sie damit beruhigt, daß Engländer, spartanisch wie sie sind, am liebsten *unter* dem Bett zu schlafen pflegen. Doosie, forgive me.

"Gudd morrnink!" Ein kleiner dunkler Mann streckte auf dem Flugplatz eine schwarz behaarte, leberfleckige Hand zum Gruße aus und sagte "Sallat". Seine Frau, noch kleiner, aber entsprechend dicklicher und fast noch dunkler, lächelte seelengut und fragte: "Do you speak Russian?"

"Aber wirr kennen ja deitsch redden", said Mr Sallat, "– oder mit die Hände." Er lachte breit und zeigte viele schöne goldene Zähne. Dann fügte er weltmännisch in durchaus verständlichem, östlich angereichertem Englisch hinzu: "– orr do ju preferr Inglisch?"

Was Sie auch immer prefer-vorziehen, Doosie, Deitsch oder Inglisch oder Hände, always remember this: English is a world language, eine Weltsprache. Herr Sallat, Frau Sallat, Mrs Gandhi, Lieschen Müller, Sie und ich gehören zu dieser Welt. Wir können folglich englisch sprechen, wie wir wollen, ganz wie das unsere englisch-sprechenden Gesprächspartner tun – z. B. Italiener, Inder, Portugiesen, ja manchmal sogar, wenn wir Glück haben, Engländer. Und da meine ich: Why should you intimidate, *verunsichern*, those poor Italians and Indians by talking down to them in "perfect" English? It wouldn't be fair.

Das etwa wäre die versprochene Kur. Sind Sie geheilt? Or have you still got an inferiority complex about your "bad" English?

You have?

Nun ja, ich gebe zu, daß Sie ruhig noch ein bißchen Englisch dazulernen dürfen. Ich bitte Sie sogar darum, partly for selfish reasons.

No, it's not because of the money I may get for this book. It's for other reasons. Tell you another time. Good night.

P.S.

Postscripts are *optional*, freiwillig; wir haben das verabredet, we have agreed on this. Let's stick to it. Aber ich muß dennoch – notfalls allein – unser Pensum hinter uns bringen, "for the record", pro forma sozusagen.

1. Bitte auf englisch: Minderwertigkeitskomplex, Kirchturm sowie auf englisch und/oder amerikanisch: Herbst, Fahrstuhl.

2. Gleichfalls auf englisch: Spannteppich, Generalprobe, jemanden zum besten halten ("verkohlen" sagte ich wohl vor ein paar Seiten).

3. Bitte schriftlich, am besten gleich hier an den Rand zu kritzeln: Herr und Frau J. B. Sallat – "Herr und Frau" genügt, den Salat können Sie sich sparen. Weiter mündlich bitte, laut: Sprechen Sie "J. B." aus. Das "J" genügt, das "B" kann jeder.

4. Ich sehe zu Ihnen hinüber, sage: "Ach könnte ich bitte mal den Zucker ..." Sie reichen mir eine schöne Wedgwood-Dose, sagen "bitte". Frage: Wie übersetzen Sie "bitte" in meinem und in Ihrem Fall?

5. Schließlich und letztlich, und zwar schriftlich: Liebesbrief bitte, auf englisch.

Das wär's. Lassen Sie sich Zeit, take your time. Aber bitte nicht schon vorher hinunterschielen.

1. Inferiority complex. Steeple – besteht übrigens seinerseits aus *tower*, "Turm", dick und viereckig, und *spire*, spitz obendrauf (typisch Schulbuch, sorry). Weiter: autumn and/or fall;

lift and/or elevator. – 2. fitted carpet ... Sie haben doch nicht vergessen, mich gelegentlich an die Geschichte mit dem Londoner Teppich zu erinnern? Ferner: dress rehearsal; to poke fun at somebody. – 3. Mr and Mrs – ohne Punkt ist eleganter. Und "J" wird *djei* ausgesprochen, nur G ist *dji*! Sie wußten das schon? Gut, dafür kann ich nichts. Bitte auch das primitive "dj" meiner Lautschrift zu entschuldigen, es kam hier auf etwas anderes an. – 4. "Please" nur im ersten Fall, nur wenn man um etwas *bittet*. Im zweiten Fall, Zükkerchen-Geben, bittet man ja um nichts, sondern gibt etwas her; wobei man natürlich zuvorkommend lächeln darf, aber eben möglichst den Mund hält oder meinetwegen "here you are" sagt, oder "help yourself", "à votre service", "bitteschön", "go to hell", "let's go to bed together" und dergleichen, je nachdem. Sie wußten das auch schon? All the better. – 5. Doosie! Das ist ja entzückend von Ihnen, simply charming. Hab' ich mich denn so unklar ausgedrückt? "Liebesbrief bitte, auf englisch" – und da haben Sie ... ich bin ganz hin. Einen ganzen Liebesbrief haben Sie mir da geschrieben – ja ja, ich weiß schon, nur übungshalber, und ist außerdem nicht wahr, aber immerhin.

Worauf ich eigentlich hinauswollte, what I was driving at, war dies: "love letter", nicht bindegestricheltes "love-letter", und um Gottes willen, for God's sake, keinen deutsch-englisch zusammengepanschten "loveletter"-Eintopf.

Ist Ihnen gleichfalls nichts Neues? Passen Sie mal auf, es muß nicht immer alles neu sein, das *Alte* soll man lernen. Da dies paradox klingen mag, noch einmal: Erinnern Sie mich bitte an die Geschichte mit den Spaniern, *absolutely* – without fail. Die Sache wird immer wichtiger für unser gegenseitiges Einvernehmen, it's getting more and more important for our mutual understanding. Dann wäre auch noch die Teppichgeschichte fällig, *an* die Sie mich erinnern sollten, *of* which you should remind me; aber die ist verhältnismäßig weniger wichtig – verhältnismäßig: comparatively, Betonung oder “stress” auf erstem *a* bitte, compá–.

Und damit nochmals: Good night. I shall take your love letter to bed and read it religiously. Ja, man sagt so, “religiously”, ich kann nichts dafür: mit Andacht, gründlich, gewissenhaft. Wenn Sie nicht mitlesen wollen, können Sie sich derweilen überlegen, vorschlagsweise gleichfalls im Bett, wie Sie etwa “verhältnismäßig” übersetzen würden, und weiter “auf etwas hinauswollen”, “gegenseitig”, “Betonung” und “um Gottes willen”. Alles in den letzten zwei bis drei Absätzen vorgekommen. Vielleicht haben Sie da über einiges hinweggelesen, weil es eigentlich “nichts Neues” für Sie war.

No, darling, sorry. You’ll have to find out the answers for yourself, don’t *bother*-stören-plagen-belästigen … don’t bother me with questions now, I want to read your love letter.

Please don’t bother me, darling,
I want to read your love letter.

Mein Gott, auf deutsch geschrieben!
Wie?

Weil *alles* für Sie "neu" ist und Sie fast überhaupt kein Englisch ...?

Wonderful, Doosie, fascinating. I love beginners. It gives me a feeling of superiority, of "masculinity" so to speak. Sie mögen das gern? Fascinating, Doosie. Sie hassen das wie die Pest? Fascinating, Doosie. Aber lassen Sie mich nun endlich in Ruhe lesen what you have been writing to me.

"Lieber ..."

"........."

Doosie, das ist ja –

"........."

Doosie!

Carpets and Spaniards

Dear Doosie,
also das ist – I have no words for it. Erwache heute morgen, finde ein Zettelchen von Ihnen auf meinem Nachttisch, a little note, übrigens mit einer Klaue zum Verwechseln ähnlich mit der meinen – and on that note these words:

> Die Geschichte von dem Londoner Teppich
> und die von den Spaniern, *absolutely*

Geliebte, ich umarme Sie hiermit.

The Story of the Carpet

I happened to know someone in the Foreign Office, London, ich kannte zufällig jemanden im britischen Außenministerium – forgive the translation and remember "happen to". Der gute Mann war zwar aus sehr guter Familie, third son of the 14th Earl of Seau-ande-Seau (So-and-So, in French spelling: old Norman nobility). Aber im übrigen war er ein nincompoop – übersetzen Sie "nincompoop" nur so schafsköpfig wie möglich, "half-wit" hatten wir ja schon. Weshalb er zwar ins Foreign Office kam, because of his family, aber doch – because of the Labour Government – über einen relativ bescheidenen, wenn auch sehr gut bezahlten Posten nicht hinauskam.

Es handelte sich um einen Mittelposten. Das heißt, sein office oder Amtszimmer oder Büro in Whitehall war mittelklein bzw. mittelgroß – *average,* durchschnittlich, wichtiges Wort, bitte merken. Dieses office wies deshalb nur einen Spann- oder fitted carpet auf, dessen Qualität überdies dem der Vierlingers weit unterlegen war: For economy, the Foreign Office bought their carpets in Germany, more precisely in the DDR, während der Vierlinger Teppich echt englische Qualitätsware war.

Nun weiß fast jeder Eingeweihte folgendes: Subalterne Posten ergeben im Foreign Office ein Amtszimmer ohne Teppich, there is no carpet at all – "at all" bitte gebunden aussprechen, *ein* Wort, Betonung auf "all", bitte noch mal, laut: no carpet at all, überhaupt kein Teppich. Weiter: Halbsubalterne Posten sind mit einem mickrigen, in Zwickau massenfabrizierten Axminster, Typ Buchara, ausgestattet, und Mittelposten wie gesagt mit einem Spannteppich. Aber: Auf diesem fitted carpet liegt kein *oriental* carpet, kein echter Teppich, das fängt erst sehr viel höher an: Churchill had one, Wilson had two, but our Nincompoop had none, d. h. keinen.

Was dieser third son of the 14th Earl of the Seau-ande-Seaus nun tat, war dies: Nach einem angelsächsisch angelnderweise verdösten Weekend in Corny Hill House, seinem adligen Sitz (12th century), ratterte er mit seinem Wagen, a rattling Daimler older than the first Rolls-Royce – mit diesem also ratterte er vors Foreign Office, Eingang Downing Street, zog etwas Gerolltes aus dem kühlerwasserfauchenden Vehikel heraus und schleppte das Gerollte eigenhändig die imposanten Marmor- bzw. (further up) Wendeltreppen des Foreign Office hinauf, in sein office.

Sie haben es erraten, you've got it: Das Gerollte war ein huge oriental carpet – ja, "carpet", Teppich, nicht nur eine sogenannte Brücke, an oriental rug. Riesengroß, *huge,* Persian, 16th century. Aussprache von "huge" bitte im Wörterbuch nachschlagen. Wenn Sie dazu zu faul sind, müssen Sie mit meinem weniger nuancierten *hjuhdj* vorliebnehmen.

Dieser huge oriental carpet nun sonnte sich nach Art der Orientalen auf dem Spannteppich des office unseres Nincompoops, eine Freude für das unbefangene (unprejudiced) Auge, ein Dorn für das befangene (prejudiced). Das Raunen begann in den Korridoren, people started whispering, and after a while that whisper was so general that it could no longer be ignored: the Foreign Office became *lively*, lebhaft – for the first time since the Battle of Britain.

What was one to do? Man konnte doch einem Nincompoop aus der Hocharistokratie nicht einfach den Teppich unter den Füßen wegziehen – "It is not done", wörtlich: "Es ist nicht getan"; freier: "Man tut so etwas nicht"; in Wirklichkeit jedoch: das kategorischste Verbot im angelsächsischen Kulturbereich, so zahm es auch in abgehärteteren kontinentalen Ohren klingen mag. *It is not done.*

Die Lösung? The way out? Nach vier bewegten Kabinettssitzungen – die Suez-Krise hatte seinerzeit zwei erfordert – kam man dank des Klarblicks – wisdom, wörtlich: Weisheit – des Prime Ministers auf die natürlichste Lösung der Welt: Der Teppich blieb liegen, and Sir Archibald – so hieß der Nincompoop – was made Minister of Agriculture.

The Story of the Spaniards

As you may remember, I put something into your mouth yesterday – ich legte Ihnen gestern etwas in den Mund, was mir nicht gefiel. Sie *wüßten* das alles schon, sagten Sie, das mit "please" zum Beispiel oder die Aussprache von "J" und "G"; derlei Dinge seien Ihnen nichts Neues. Das war nicht nett von Ihnen.

Nein, nein, Sie brauchen sich nicht zu entschuldigen, you need not … na was denn, "excuse yourself"? Nein, bitte: You need not *apologize.* Eher sollte ich selber apologize, weil ich Ihnen hiermit einen guten, aber recht langweilig klingenden Rat erteilen möchte: Bitte nicht immer nur auf "neue" oder "schwere" Wörter erpicht sein, sondern vor allem auf Vokabeln, die Sie schon lange kennen. Erst dann werden Sie sich ihrer erst richtig bewußt werden, können mit ihnen umspringen und aus Ihrem "passiven" Wortschatz einen "aktiven" machen. Try to improve your active vocabulary, Doosie.

Ein Beispiel: Kennen Sie das englische Wort "yes"? Falls ja, tun Sie es bitte nicht als "olle Kamelle" ab. Spitzen Sie lieber die Ohren, achten Sie darauf, wann etwa "yes" wie *jess* oder *jäa* oder *ja* ausgesprochen wird, wann man statt dessen "quite" oder "I see" sagt, wann überhaupt nichts und wann "no".

Noch ein Beispiel: Sagen Sie bitte auf englisch: "Ich habe einen so kleinen Wortschatz." Das hört man ja recht oft von Ausländern, vielleicht wollen auch Sie es einmal sagen. Also bitte.

Was "Wortschatz" heißt? Nein, da helfe ich Ihnen nicht. Gefälligst *aktiv* lesen, meine Liebe, ich habe dieses Wort am Ende eines der letzten Absätze auf englisch gesagt. Was den Rest betrifft, helfe ich Ihnen gerne: "I have such a poor ..."

Aber kommen Sie sich jetzt nur nicht dumm vor, don't feel you have made a fool of yourself. Ich kann Sie trösten. Sie werden mir nämlich nicht glauben, you won't believe me, wie lange und wie vergeblich ich mir selber diesen Rat der "Aktivierung" habe geben müssen – wie lange es z. B. bei mir gedauert hat, bis ich das lächerlich einfache spanische Wort für "wie bitte" selber sagen konnte. Obwohl ich damals schon jahrelang in Spanien gelebt und jenes Wort sicher schon tausendmal gehört hatte.

Nur weil ich nicht zuhörte, merely because I didn't listen – Aussprache *lissn* –, nicht einmal dann zuhörte, listened, *lissnd*, als ich eines Tages diesem "wie bitte" endlich auf den Grund zu gehen versuchte. Was ich da meine Spanier in Valencia auf holperigem Spanisch über ihr "wie bitte" fragte, sei hier auf englisch wiedergegeben, da ich nicht weiß, wie es um Ihr Spanisch steht.

"Tell me, please", I asked those Spaniards, "what do you say when someone says something to you or to somebody else and you want to tell him or her that you didn't understand?"

There was a blank look on their faces, ein leerer Blick. They said "eh?" and understood nothing.

I repeated: "What I mean is this: If I say something, you see (nicht wahr?), and you don't understand what I have been saying, you see, what would you say in Spanish to let me know that you haven't understood what I was trying to say so that I –"

Again, there was that blank look on their faces and that stupid "eh?" of theirs.

"Look here", I said in a desperate attempt-Versuch to make myself clear – "if I say, for instance, brrrprrrnaxnaxnax, would you understand me?"

They didn't seem to understand.

"Now, what would you ask a man who says – well, who says brrrprrrnaxnaxnax to you?"

First there was that stupid "eh?" again, and then they said they had never met such a man.

I gave up, ich gab auf. I had not found out what Spaniards say when they don't understand.

Vielleicht haben *Sie* kapiert, was "wie bitte" auf spanisch heißt. Vielleicht haben Sie etwas besser zugehört als ich.

Und die Moral von der Geschicht: Frag eine Kuh nicht, wie sie muht. Hör lieber zu. *Lissn.*

Zum Beispiel: Was heißt "wie bitte" auf englisch? You must have heard people saying it again and again, but did you really listen? Vermutlich haben Sie sich seit Jahren auf irgendeine Phrase eingefahren, sind seit Ihrem 12. Lebensjahr recht zufrieden damit und hören seitdem überhaupt nicht mehr zu.

"Pardon", meinen Sie? Na ja, vielleicht. Aber oft ein bißchen kleinkariert – prissy, genteel, provincial auch nicht allzu gebräuchlich, not too current, außer in deutsch-englischen Wörterbüchern.

"Sorry?" oder "Sorry, I didn't get that"? Etwas besser, aber noch seltener.

"What did you say?" Recht gut, sachlich, ohne Klimbim – straightforward, meine ich –, aber kommt fast nie vor, hardly ever.

"What?" Gar nicht so schlecht, but rather impolite, sofern Sie kein Aristokrat mit Reitstallsprache sind.

"Eh?"

Sag mal, Doosie, wie kommen Sie darauf? Haben Sie wirklich bei den Spaniern zugehört? Soll tatsächlich auch bei Engländern vorkommen, zumindest dann und wann, every now and then, ist sogar historisch belegt:

Winston Churchill, some time before the last war, in his car, trying to catch the 9.25 train to the Riviera.

The driver (der Fahrer): "Seven minutes, Sir."

Churchill: "Eh?"

The driver: "We have seven minutes left, Sir. I don't think we'll make it." (They had just left Downing Street, an their way to Victoria Station.)

Churchill: "Never mind. It's only fair play to give the train a sporting chance to get away."

Sagten Sie etwas, Doosie? Whether Churchill *got* the train?

What? Pardon? Eh?

Ach so, Sie wollen wissen, wie "wie bitte" nun *wirklich* auf englisch heißt?

Am allerhäufigsten, ja fast immer, heißt es wohl gar nichts. Man schweigt, lächelt verständnisvoll, begleitet dies zuweilen mit einem leichten Nicken des Kopfes, with a slight nod, wahlweise mit einem ermutigenden "aha" oder "yes" oder "quite". Obwohl man kein Wort verstanden hat. Dann: Fortsetzung der Unterhaltung.

There is something to be said for it, da ist schon etwas dran. Engländer sind nun einmal "reserviert", wie man in Deutschland zu sagen pflegt. Etwas klarer ausgedrückt: Sie lieben es nicht, ihrem Gesprächspartner um jeden Preis alles aus der Nase zu ziehen. They don't like gribbling the pip with the popcorn.

Doosie, sagten Sie eben ein echt englisches "aha", weil Sie dieses "gribbling the pip with the popcorn" überhaupt nicht verstanden haben?

Bravo! Die Worte sind purer, soeben erfundener Blödsinn.

You are making progress, really.

(Did you say "aha"? If you didn't, say it now.)

P.S.

Zur Belohnung heute nur kürzester Abwasch. Sogar die Antworten diesmal übersichtlicher, zwecks leichteren Mogelns/cheating. Bitte auf englisch:

1. durchschnittlich; riesig. (Gedächtnisstütze für ersteres: das Büro des Nincompoops im Foreign Office; für letzteres: Format seines echten Teppichs.) Bei dieser Gelegenheit bitte noch: Büro, echter Teppich.

2. Wortschatz. (Dazu noch, aber bitte Engländern gegenüber höchstens einmal am Tag zu sagen:) "Ich habe einen so kleinen Wortschatz."

3. "Das gehört sich nicht." (Kategorischer Imperativ aller Angelsachsen.) – Übrigens, wie Sie gemerkt haben werden, übersetze ich früher "Durchgenommenes" oft etwas anders oder freier in unseren P.S. "Verdammt schludrig – bloody careless", sagen Sie vielleicht dazu. Das also ist der Dank für Pädagogik. Hoffentlich haben Sie wenigstens "bloody", verfl–, richtig ausgesprochen, nämlich etwa *bladdi*.

4. "Kopfnicken", Substantiv, und "mit dem Kopf nicken", Verb.

5. (Ganz gemein:) "Da ist schon was dran" – kam kurz nach dem diskreten englischen Kopfnicken vor. Weiter: "Wir werden's nicht schaffen, glaube ich" – Churchill's driver said this an the way to the station.

1. average; huge (nochmals: Aussprache etwa *hjuhdj*, with apologies for my primitive phonetic alphabet). Weiter: office; oriental carpet.

2. vocabulary. "I have such a poor vocabulary."

3. It is not done.

4. Da gibt's nur *eine* Antwort: nod. Dieweil man im Englischen aus jedem zweiten Substantiv ein Verb machen kann, und umgekehrt – you can make a verb of every second noun, and vice versa. Just think of "love".

5. There is something to be said for it. I don't think we'll make it –

– sagte, wie gesagt, Churchills Fahrer. Noch eine andere Churchill-Geschichte, ganz schnell, gleichfalls mit einem "Eh?" darin:

Churchill was canvassing – hielt Wahlreden – in his constituency, in seinem Wahlkreis.

An old spinster-Jungfer who hated him, shouted:

"If I were your wife, I'd put poison in your tea." (poison: Gift.)

Churchill (to gain time): "Eh?"

Spinster, again, even louder: "If I were your wife, I'd put POISON in your tea."

Churchill: "Madam, if I were your husband, I would certainly drink it."

Das war allerdings in der guten alten Zeit, in the good old days of English tea. Those days have gone. I must tell you the Nescafé story sometime.

Im übrigen: Call it a day.

Schwer zu übersetzen, aber bitte merken. Bedeutet etwa: "Jetzt machen wir Feierabend."

Call it a day. Nenn's einen Tag. Good night.

The Lemon Cure

Dear Doosie,
Good morning. How about – wie wär's mit – how about Zachariah for breakfast? When shaving, beim Rasieren, I thought this might be "just what the doctor ordered" an a sunny summer morning like this – bitte dies "just what the doctor ordered" merken, etwa: "gerade das richtige".

Zachariah, Aussprache in meiner Vulgär-Lautschrift etwa *dsäkeraí(a)* – once and for all, please take my primitive phonetic alphabet merely-*mierli*-lediglich as a provisional hint-Andeutung –

– Zachariah-*aí(a)* was, and still is, the history expert of Madame Tussaud's. You may have heard of that lady. Her waxwork gallery – deutsch: Wachsfigurenkabinett – is one of the sights of London.

Born in 1760 or so, she began her career-Karriere by modelling the guillotined VIPs of the French Revolution. ("VIP", *vi ai pi*, "very important person".) Marie Antoinette, for instance, was modelled by her, and so were Louis XVI, Danton, and Robespierre. All life size, Lebensgröße, or rather death size, because of the guillotine.

Then she moved to London with her wax models, adding, as time went by, people like Napoleon, Goethe, one or two popes-Päpste, three or four murderers and so forth (– and *so* forth, "usw.", Betonung bitte auf "so", wenn's ganz eingeboren klingen soll). Just take the London underground to Baker Street. You'll find the collection nicely brought up to date, with Churchill, Adolf Hitler, Marlene Dietrich, Fidel Castro and *so* forth, probably including Axel Springer, Marty Feldman, and Heinrich Böll.

This is one of the few places in the world where there are no prejudices-*Vorurteile*. What is presented here is neither "engage" nor class-conscious, klassenbewußt, but inspired by one single goal (or aim, or end, or target): to create an absolutely authentic likeness down to the smallest detail – mit historisch hundertprozentig exakter Kragengröße, Taille, Brille, Glatze, Vollbart, eventuellen Leberflecken oder Sommersprossen – moles or freckles, if any – and *so* forth, life size. This is by no means easy, keineswegs: by no means. How tall was Karl Marx, and how long his beard? What sort of tie-*Schlips* did Albert Einstein wear, or did he wear no tie at all? How many holes are in the one button-Knopf that keeps Charlie Chaplin's jacket together? What brand, and how long, was Churchill's cigar? How think, and of what carat, was the wedding ring of Mr Onassis and Mrs Kennedy?

Clearly, you need a history expert to answer these and a thousand other questions. This history expert was, and still is, Zachariah or, as his friends including myself use to call him, Zach. (Aussprache *dsäck*. Da hätten wir uns eigentlich die ganze *dsäckeraí(a)-Strapaze* ersparen können.)

Zach is superbly qualified for this job. He is wellread, d. h. belesen: He reads anything he comes across, including braille, Blindenschrift. Moreover, Zach is extremely meticulous, peinlich genau: He told me, for instance, that Chaplin's moustache-Schnurrbart had 472 hairs, while Hitler's had 316 only. Some people say – wrongly, I think – that Zach is an insufferable pedant. Others say that he is a little gaga, leicht vertrottelt. There may be something in it, da mag schon etwas dran sein. For instance, my friend Johnny told me that Zach, when leaving his office, always lights a match to make sure that he has switched out the light.

Dazu noch dies: Zach ist ein eingefleischter Junggeselle, a confirmed bachelor, und ein leidenschaftlicher Sammler von künstlichen Gebissen, dentures; Perücken, wigs; Glasaugen, glass eyes; Prothesen, prostheses (he even has a wooden leg dating back to the Crusades, Kreuzzüge), sowie von konventionelleren Dingen wie Schmetterlingen, butterflies, alten Gebetbüchern, old prayer books, and, finally, pornography or porno. Sein Alter: undefinierbar, somewhere between thirty-five and seventy. Er ist zeitlos, timeless. Ein Original.

Bitte "Er ist ein Original" auf englisch. Hier eine Bedenkzeile:

.. ..

Versuchten Sie's mit "He is an original"? Bravo! Glänzender Fehler, wenn auch völlig danebengehauen. Sie verfuhren mit Recht nach dem Rezept, daß man mit deutschen Fremdwörtern ein einigermaßen akzeptables Englisch zusammenbrauen kann. Nur ging's diesmal zufällig daneben. There are good mistakes and bad mistakes, and yours was a brilliant one. Ich darf Sie beglückwünschen und berichtigen:

Er ist ein Original: He is a *character*. Übrigens nicht nur Zachariah, sondern Engländer überhaupt; sie sind nun einmal fast alle ein bißchen *odd*, "eigen" oder "leicht verschroben" oder eben "englisch". Zach, for instance, always smokes filter cigarettes, but he breaks off the filter tips before smoking. It's his way of demonstrating his independence.

Vielleicht ist Zach auch ein ganz klein wenig – well, just a little *pathetic*. Wieder ein wichtiges Wort. Denn "pathetic" ist keineswegs das deutsche "pathetisch", sondern fast das Gegenteil: rührend, fast bedauernswert. Beethovens "Pathétique" ist (deutsch:) pathetisch. Pinneberg aber und sein Lämmchen – "Kleiner Mann, was nun?" – sind (englisch:) pathetic. Der Bedeutungsunterschied wohl daher, weil Engländer allem Pathetischen abhold sind.

Well, yes, Zach is a little gaga, a little odd, and a little pathetic. But above all, he is a dear, frei übersetzt: eine Seele von einem Menschen. (Ich darf Sie auf die Möglichkeit eines P.S.-Verhörs aufmerksam machen.)

"Hallo, Zach!" Wie ich mich freute, als ich den lieben alten Trottel eines Nachts zufällig in der Nähe des Trafalgar

Square traf. Trottel strahlen immer etwas zeitlos Heimatliches aus. Wir hatten uns schon lange nicht mehr gesehen, er kam wohl gerade von Madame Tussaud's, ich von der BBC – but that is another story – beide hatten wir Überstunden gemacht, overtime, und jetzt war Wochenende.

"Nice to see you, old chap", I said, "come over to Reading for the weekend." Ich hatte dort eine kleine Zweizimmerwohnung, a two-room flat, war Junggeselle wie er, beide waren wir Pendler, commuters, und Wochenende war es, wie gesagt, auch.

"Now??" he asked with two question marks.

"Why not", I asked without any.

Zach gave me a strange look, as if alarmed.

"I should love to", he said, "but –"

"But what?"

"My – well, my Lemon Cure, you know."

I didn't know. Zach explained:

Er habe mit einer Zitronenkur angefangen, a lemon cure. Diese wirke Wunder, "miracles", man fühle sich "as fit as a fiddle", wie neugeboren. Gerade in seinem Alter, "just at my age, you know, there is the danger of getting a little senile" – eine Gefahr, die meines Erachtens bei ihm bereits eingetreten und somit kaum ein "danger" mehr war –

– nun, gerade in solchen Fällen, so Zach, sei eben this Lemon Cure ein Geschenk des Himmels, a gift from heaven.

Ich will Sie nicht mit der sehr umständlichen Diskussion ermüden, die sich nun mitten in der Nacht in der Nähe des Trafalgar Square aus dieser Lemon Cure ergab. Hier nur das dürre Skelett:

Z: Er habe die lemons at home, in Hampstead, sie müßten nämlich jeden Morgen auf nüchternen Magen, on an empty stomach ...

I (ich): Surely, one or two days' interruption-Unterbrechung wouldn't perhaps matter so much –

Z: Wo ich denn hindächte. This was quite out of the question. So gerne er auch mit mir nach Reading kommen wolle, however much he would like to etc., so sei eben seine Wohnung in Hampstead zu weit entfernt, much too far away, um dort jetzt mitten in der Nacht *lemons* zu holen, und alle Geschäfte seien geschlossen, *closed*. Er sah mich sehr entschlossen an: I was faced with the unequalled stubbornness of the English race. (Unwesentliche Bemerkung, Nachschlagen unnötig.)

Nun ja, ich gab zu, I admitted that Hampstead was in fact a bit far off at this hour of the day. On the other hand, I said, I was pretty sure that I had at least half a lemon at home, in Reading –

Sag mal, wie liest Du mir denn hier "Reading" die ganze Zeit? Nicht rid- bitte, sondern *redd-*. Das ist wichtig, weil Oscar Wilde in diesem Nest im Zuchthaus saß und dort die unsterbliche *Ballad of Reading Gaol* schrieb, wobei dieses "Gaol", Zuchthaus, wie das gleichbedeutende "jail" auszusprechen ist, also – na, "jail" wird normal ausgesprochen, ich will nicht wieder mit meiner Lautschrift anfangen.

"Half a lemon, in Reading!" Zach laughed sarcastically. "I need at least six of them over the weekend!"

So blieb mir denn nichts anderes übrig als zu behaupten, obwohl ich meiner Sache keineswegs sicher war – ich behauptete

behaupten, Taschenwörterbuch A: affirm, assert …
behaupten, Taschenwörterbuch B: pretend, up-hold …

– ich behauptete, I *claimed*, noch besser: I *said*, es gäbe in Charing Cross, dem Bahnhof in der Nähe, bestimmt einen Laden, der noch zu dieser späten Stunde Schokolade, Obst und Zitronen …

Zuerst war Zach nicht zu bewegen, zu dem fast gegenüberliegenden Charing Cross zu gehen, um wenigstens nachzusehen –

nachsehen, Taschenwörterbuch A u. B: look after; examine; inspect …

– to *make sure* / to *check*. Er sträubte sich mit Händen und Füßen, jeder Schritt in diese Richtung schien ihm offenbar, obviously, die Gefahr zu vergrößern, zitronenlos in mein Kraftfeld zu geraten. Ich weiß nicht mehr, wie es mir dann schließlich doch gelang –

gelingen, Taschenwörterbuch A u. B: succeed

I don't remember how I *managed* to get old Zach into the –

Nein, Doosie, ich will Wörterbücher nicht heruntermachen. Fast alle sind recht gut, for what they are (etwa: "als solche"), sie können eigentlich nicht viel besser sein. Denn es ist ganz einfach unmöglich, ein zweisprachiges und gleichzeitig hundertprozentig verläßliches Lexikon zu machen. Wörter sind wie Schmetterlinge: Sie lassen sich nicht einfangen und aufspießen, ohne zu sterben. Jeder Wörterbuchmacher weiß das. Aber leider nicht jeder Wörterbuch-Gebraucher. As my friend Johnny once said: "What's wrong with dictionaries is that people think they are correct."

Deshalb diese Warnung. Bitte sage nie: "Aber so steht's doch im Wörterbuch!" Behandle zweisprachige Wörterbücher als provisorischen Notbehelf, *makeshift* – wichtiges Wort, bitte merken.

Versprich mir das. It's important.

Und ich verspreche meinerseits: There will be no more interruptions.

As I said, I don't remember how I managed to get Zach into the Station hall at Charing Cross, but I did. More important, there was a fruit shop, and open. There were apples, oranges, peanuts, chewing gum, pineapple tins – Ananasdosen; statt "tins" können Sie auch das ursprünglich amerikanische "cans" sagen – and, finally, in a remote corner, *lemons*.

Selig saß mir Zachariah im Eisenbahnabteil gegenüber, in the compartment, mit einer großen bag-Tüte voller lemons-Zitronen. Immer wieder versicherte er, how little it worried him having no pyjamas nor even a razor for the weekend, but the *lemons* … "you see my point?" Wenn man es bei einer solchen systematischen Kur erst mal einreißen lasse … "even between real friends – you see what I mean?"

I saw. Noch mehr sogar: I loved him. He *was* a dear. Ein Überbleibsel aus der guten alten Zeit. True, the "good old days" have never been too good, but what's left of them today is very good indeed. Old Zach! My heart went out to him.

Once in Reading – *redding*! – we were pretty tired and went straight to bed. In the morning, when shaving in the bathroom, I heard him pottering about in my kitchenette, hörte ich ihn also in meiner – sagt man "Miniküche"? – herumrumoren.

"Where are the knives?" he asked.

I instructed him from the bathroom where to find the knives-Messer: by the window, second drawer to the left.

He had obviously found them – obvious(ly), offenbar, wichtiges Wort –, denn jetzt wollte er von mir wissen, wo die Zitronenpresse sei, the lemon squeezer. Auch dies konnte ich vom Badezimmer aus in die Küche schreien, offenbar – *obviously* – mit Erfolg, denn jetzt fragte er, immer noch unsichtbar, wie man Zitronen schneide.

"What?"

"How do you cut lemons?" wiederholte er trocken.

"Cut lemons?"

"Yes. How?"

"What do you mean?" fragte ich.

"How – do – you – cut – lemons?" he repeated, as if I were hard of hearing, schwerhörig.

Erst fiel mir keine rechte Antwort ein. Dann sagte ich entschieden: "Well, you *cut* them."

"I KNOW", kam es ungeduldig aus der Küche, "but in which way do you cut them?"

"Well", said I, "just cut them the way you are used to", empfahl ihm also seine übliche Verfahrensweise.

"I don't know", etwas schwächer aus der Küche.

"You don't know *what*?" Mein Ton war wohl etwas zu scharf, ich hatte mich beim Rasieren geschnitten.

"I – don't – know – how – to – cut – them." Again as if I were hard of hearing, or an idiot. Then, with the same didactic articulation: "Is one to cut them *ver–tical–ly* or *ho–ri–zon–tal–ly*, or do you *peel* them?"

"But you have been cutting your bloody lemons every bloody morning", fluchte ich.

Pause. ("Pause" nach Belieben auszusprechen, deutsch oder englisch; "bloody" jedoch *bladdi.*) Jedenfalls herrschte jetzt völlige Stille, und ziemlich lange. Had he cut his throat-Kehle-Gurgel-Hals? Or had we perhaps bought cakes of soap, Seife, in the shape of lemons? That might possibly explain why –

All of a sudden – plötzlich stand er vor der Badezimmertür, splitternackt – ich hatte ihm doch extra einen Schlafanzug hingelegt –, mit einem langen Messerknife in der Rechten und einer echten Zitronenlemon in der Linken. Er sah mich merkwürdig an, drohend-menacingly oder auch nur flehentlich-imploringly, I couldn't make it out.

"What's the matter?" I asked as friendly as I possibly could.

"You see", Zach said, "It's all a matter of practice." Matter of practice: Übungssache.

"Could you be a little more specific?" fragte ich, bat also um eine etwas nähere Erklärung.

"The thing is this", sagte er, ein ziemlich nichtssagendes Die-Sache-sei-so, und dann etwas schüchterner: "You see, it's my first – – I mean I am *beginning my* Lemon Cure."

P.S.

Wie buchstabieren Sie "Zach"? It is important to be able to spell a name, your own for instance, and to understand other people when they spell theirs. Please spell-buchstabiere "Zach".

Z – in England *sedd*, with a voiced-stimmhaft *s*, in America *si* like the German "Sie". "Zach", then: *sedd*, *ei*, *ssi*, *eitsch*.

Ich sagte es schon: Meine barbarische Lautschrift nur als Notbehelf, *makeshift*, um Sie mit speziellen Zeichen zu verschonen und nur das Wichtigste hervorzuheben. Wenn's auch Wahnsinn ist, so hat es doch …: "Though this be madness, yet there is method in't", Hamlet. Falls Sie etwas dagegen haben, eine Bitte, die Ihnen vielleicht von einer berühmten Wildwest-Saloon-Aufschrift her bekannt ist:

> Please do not shoot the pianist. He is doing his best.

Da nun eine bessere Lautschrift in jedem Wörterbuch zu finden ist, nichts aber über Handschrift, a truly English *hand*, schlage ich eine kleine Schreibübung vor. Bitte schreiben Sie doch einmal das obige Zitat mit dem Pianisten ab, und zwar völlig ungezwungen, als ob Sie einen gewöhnlichen Brief schreiben. Hier ist Platz:

Vergleichen Sie jetzt bitte jeden Buchstaben mit der englischen Handschrift auf der nächsten Scite. Sie werden unter anderem folgendes entdecken:

1. Die t-Striche sehen bei Ihnen ganz anders aus; im Englischen wie ein Dach über dem *t*.

2. Das Schluß-s ist im Englischen etwa wie das Ihre – vergleichen Sie "is" auf der zweiten Zeile. Im Amerikanischen aber hat es ein Schwänzchen – siehe "his" in derselben Zeile.

3. Die Sache langweilt Sie, you find it boring? Ich habe eine sehr persönliche Frage an Sie, aber sie scheint mir verfrüht, premature; ich habe das Gefühl, daß Sie bis auf weiteres nüchterne Sachlichkeit vorziehen. I'll ask you tomorrow. Let's go on:

4. Das Englische hat zwei Schreibweisen für *e*. Die eine ist wie Ihre, die andere – im letzten Wort, "best" – gleicht dem griechischen Epsilon und kommt besonders bei "scholars" vor, d. h. bei besonders "gelahrten" Leuten. Just make your choice, and use the scholarly epsilon-e when writing to the Archbishop of Canterbury. (In that case refer to me, beziehen Sie sich auf mich.)

Please do not shoot the pianist.
He is doing his best.

Weiter: Schreiben Sie bitte die Ziffern 1 und 7 sowie ein Fragezeichen, weiter ein "yes" in Anführungsstrichen (auf die Stellung der letzteren kommt es mir an) sowie schließlich ein *I* wie im englischen "ich". Bitte hier:

Sie haben vermutlich die unten als "unenglisch" eingekreisten Varianten geschrieben, more or less. Und was Ihr eigenes Ich oder I betrifft, so kann ich Ihnen gleich drei davon anbieten.

Ist das wahr? Sind Sie mir wirklich nicht, wie in diesem Zusammenhang geradezu unausbleiblich, mit dem großgeschriebenen englischen ich-I als Zeichen "englischer Egozentrizität" gekommen? Danke. Historisch gesehen ist dieses I ein reiner Schreibzufall, ein Überbleibsel der sogenannten karolingischen Minuskel – and that was about one thousand years ago.

Wenn Sie nun glauben, nach diesen Ausführungen um unsere Repetition herumzukommen, dann haben Sie sich geirrt.

1. Apropos of Madame Tussaud's: Bitte um "Vorurteil" (as far as I know she was completely unprejudiced – if you get my hint).

2. Apropos of Zach: "Er ist ein Original – ein eingefleischter Junggeselle – eine Seele von einem Menschen."

3. Zach, continued: "rührend lächerlich" (sehr schwer, "nebbich" heißt's auf jiddisch) sowie "ein bißchen verschroben" – für letzteres gebrauchte man übrigens früher das schöne Wort "queer", was aber leider immer mehr "schwul" bedeutet.

4. Mostly Zach again, but this time a little more concrete: (Vorort-)Pendler, (Eisenbahn-)Abteil, Zweizimmerwoh-

nung sowie (Zach collected these things): künstliche Gebisse, Perücken.

5. In *writing* please, schriftlich hier am Rande, in Ziffern: 1977.

Take your time. Have a good try yourself before looking at my answers. And don't ask your husband or your – anyway, I want this to be strictly between ourselves even if you can't answer one single question.

Again, Doosie, dont' *cheat*-mogeln. To help you to be good and honest, I'll put the answers an a new page, and I can only hope that you'll appreciate it.

1. apples; a cup of tea. Stop cheating, please.

2. see above.

3. OK then, let's start:

1. prejudice. Betonung auf der ersten Silbe, *preddjudis*. Noch mal.

2. He is a character – a confirmed bachelor – a dear.

3. pathetic – a little odd. Zu "odd" noch eine wichtige Wendung: *Oddly enough*, etwa: seltsamerweise, z. B. "Oddly enough, I am gradually falling in love with a person I have never seen."

4. commuter; compartment; two-room flat (na schön, "a flat of two rooms" geht auch); dentures; wigs.

5. Kein Querstrichelchen durch die 7 bitte, und kein Aufstrich für die 1, like this:

1977
– and don't
call me
a pedant

NOW

Dear Doosie,
I – Sie dürfen einen englischen Brief durchaus mit "I" anfangen – I am not sure whether the time has come to ask you a highly personal question. I have a feeling that I should wait at least for another twenty pages, until we are an a more intimate "footing", as the English say. But I can wait no more. The question must now be asked:

Do you smoke?

This is a dangerous question. Smoking, I understand – wörtlich: "Ich verstehe"; richtig: "habe ich gehört" – smoking, I understand, is "out" in Germany at present. Even so, und dennoch, I must ask this question. It is most important, for many reasons.

One reason is this: Should you have nothing against having a smoke with me from time to time, we would have a little fireplace of our own, as it were, wir säßen dann gleichsam – *as it were* – vor einem kleinen gemeinsamen Kamin. Und da Zigaretten – cigarettes, Betonung am Ende des Wortes etwas englischer, am Anfang etwas amerikanischer, einigen wir uns auf beides, *cigarettes* –, da nun Zigaretten außerdem, wie neuerdings bewiesen, zum Glück stark gesundheitsschädlich sind, very bad for one's health, wäre jeder gemeinsame Zug oder *puff* so etwas wie ein vereinter Mini-Liebestod, *as it were*.

Zweitens aber und vor allem: Ein gemeinsames Anzünden in einem gegebenen Augenblick, at a given moment, gäbe uns eine physische Gleichzeitigkeit, *simultaneousness*, über deren Bedeutung ich Sie wohl nicht erst aufzuklären brauche. Jedes Kind lernt diese Dinge heutzutage schon in der Schule, even in English schools: conservative as they may be, there *is* sexual instruction.

To make myself perfectly clear: Wären Sie bereit – would you be prepared to light a cigarette with me *at the same time*? Weiter, da einer von uns schließlich anfangen muß: Would you allow me to suggest the moment *when*? Wichtig: "suggest", vorschlagen, viel eleganter und freundlicher (und somit weitaus häufiger) als Ihr schulenglisches "propose".

Let me ask you point-blank – "point-blank" etwa: mit brutaler Offenheit – well then, let me ask you point-blank: Would you be prepared to start at the very moment when, lighting my cigarette, I say Now? Nein, nicht jetzt, lieb von Ihnen, ich bin noch nicht so weit, I am not ready yet. But I will be ready *eventually* – nein, nicht "eventuell", sondern todsicher werde ich soweit sein: Das englische "eventual" bedeutet *schließlich*, nicht "eventuell".

Let me ask you again: Wären Sie an sich, in principle – *nicht* "principally", beliebter Fehler, bedeutet "hauptsächlich" –, wären Sie an sich, grundsätzlich, *in principle*, für besagte Gleichzeitigkeit bereit?

Sie rauchen nicht? Nie? Schon aus – "as a matter of principle"?

Und wenn ich Sie bitten würde, eine Schachtel Zigaretten zu kaufen und die Zigarette trocken, dry, I mean without lighting it, aber eben aus Gründen besagter Gleichzeitigkeit, platonisch sozusagen, dennoch in den Mund zu –

Auch nicht? You won't put it in your mouth? Weil *unanständig*?

Sorry, ich begreife kein Wort.

All right then. May I suggest a piece of chocolate or a banana? As I said, the main thing is simultaneousness. You put the thing in your mouth while I –

Wie bitte? Wieder Einwände? Sie wollen überhaupt nichts mehr in den Mund nehmen?

Nun gut. Aber wenn Sie die Schokolade, z. B. eine schöne lange Nougat-Schokoladenstange, lediglich *betrachten*, contemplate, while I –

Ich bin vulgär, sagen Sie? Na hören Sie mal, "contemplate" ist sehr gehobenes Englisch. Etwas weniger fein, ich habe das nicht gesagt, aber es mag Sie rein sprachlich interessieren, wäre etwa "look at it" oder gar "size it up".

You say you are not *listening*, Sie hören einfach nicht mehr zu?

Frankly, Doosie, ehrlich gesagt, this is not the best way of learning English. Worse still, noch schlimmer, you're jeopardizing – Aussprache: *schwêr*, Taschenwörterbuch gibt Auskunft –, you're jeopardizing, Sie gefährden mit Ihrer Verhaltensweise unser jetziges Zusammensein, ja, Sie machen es unmöglich, uns überhaupt jemals kennengelernt zu haben. This is no paradox. Let me explain: Sie spielen meinem ärgsten Widersacher in die Hände, you are playing ball with my greatest adversary.

Es handelt sich um meinen Verleger, my publisher. Bereits früher hatte er starke Bedenken geäußert, "some concern", wie er sich mit echt englischem Understatement ausdrückte – he loves to "brush up his English" in my presence – kurzum: Er hege außerordentlich starke Bedenken angesichts der Tatsache, in view of the fact, daß ich eine Leserschaft von rund dreißig Millionen volljährigen Deutschen mir nichts dir nichts, offhand, auf lumpige fünfzehn Millionen reduziere, da ich nur die Hälfte derselben, the female one (die weibliche eine, *fieh-meil*), "anspräche". Ich wandte ein, männliche Leser, male readers, brauchten sich ja nicht unbedingt mit Ihnen – ich meinte Sie, you, Dich – zu identifizieren, ich täte das ja auch nicht, being a male myself. Von mir aus könnten alle *males* zusammen mit mir oder auch ohne mich mit Ihnen, Dir, das sei ja *ihre* Sache, their business, womit ich natürlich keineswegs – well, sagte ich, I was of course not thinking of group sex and the like, und vielleicht hätten diese Leute sowieso bereits selber a female with whom they might like to read this book or go to bed, aber mein Verleger schien nicht zuzuhören.

"Nicht genug damit", zuckte er plötzlich auf, von diesen miserablen fünfzehn Millionen *females* säbele ich ihm nun noch kaltblütig, in cold blood, mindestens weitere zehn Millionen dadurch ab, daß ich englische Sprachkenntnisse voraussetze, some degree of proficiency in English. Where the hell, wo zum Teufel bliebe denn da noch die *Zielgruppe* (englisch: wußte er nicht, ich auch nicht, und Sie brauchen's nicht: "market" genügt). So etwas sei verlegerisch ganz einfach unverantwortlich, simply irresponsible, ein verantwortungsbewußter Unternehmer könne da unmöglich … usw. (Unternehmer: er sagte "undertaker", was "Leichenbestatter" bedeutet. I didn't correct him. The proper word is manager, employer, executive, industrialist etc., as the case may be.)

I don't remember how I summoned up the courage – ich weiß nicht mehr, wo ich den Mut hernahm, ihm zu erwidern, daß nach seiner Rechnung, according to his calculations, immerhin noch fünf Millionen Leser übrigblieben; selbst Mario Simmel habe ja nur …

Er erhob sich. Von diesem ihm verbliebenen kläglichen Rest nun auch nur noch *Raucher*, das schlage dem Faß den Boden aus, "this is the last straw" – sehr gutes Englisch übrigens, kommt von der Redensart "the last straw that breaks the camel's back", frei übersetzt: Der Krug geht so lange zum Wasser usw., bitte merken.

"Was bleibt denn da überhaupt noch übrig?" fragte und beantwortete er:

"Irgend so eine 'Doosie' – *eine einzige*!"

Ich wollte ihn umarmen, beherrschte mich aber, I controlled myself. Ich schwieg, ich spürte selig Deine Nähe, bis mir einfiel, daß auch Du kein Raucher bist.

"Na, dann rauche ich eben mal, ausnahmsweise."

DOOSIE!

Brauchst aber nicht, wirklich nicht. A cup of coffee will do, or a cup of tea. Beide enthalten ja auch ein bißchen Gesundheitsschädliches, so daß wir besagten Mini-Liebestod nicht völlig auszuklammern brauchen. Or take anything you like. Readiness is all, Bereitschaft ist alles. Und damit, Doosie:

NOW

Du bist die einzige. People in love usually say that sort of thing – "you are the only one" or some such nonsense. But you must believe me.

Ich biete nämlich keinem Menschen in der Welt mehr eine Zigarette an. With other people, I keep my smoke strictly to myself, und zwar *konsequent* – letzteres Wort möchte ich bitte von Ihnen auf englisch haben, und zwar gleich hier, auf der Punktlinie, an the dotted line – also bitte, *konsequent*: ....

Nein. Nicht "consequently", das wäre etwa "somit" oder "folglich", sehr böses Deutsch-Englisch wäre das, nennen wir es fortan "Denglish", und sprechen Sie letzteres aus, wie Sie wollen –

– I keep my smoke strictly to myself, *consistently*. Ich nehme die Schachtel unauffällig aus der Tasche, paffe so diskret wie möglich vor mich hin, and, excepting you, there is nobody in the world to whom I shall ever offer-anbieten a cigarette again. Der Grund, the reason: You can't – ich meine nicht Sie, sondern man – you simply can't offer a cigarette to anyone without yourself being offered his or her life story, from birth to near-death, especially in Germany:

"Nein danke, ich habe am 29. Juni zu rauchen aufgehört, als meine Frau – nun ja, es hängt nicht direkt mit meiner Ehe zusammen, aber ..." begann der letzte, dem ich je in meinem Leben eine Zigarette anbot. Er drückte dies der

Klarheit halber auch auf englisch aus, vermutlich, weil mir ein "O God!" entschlüpft war:

"You see, the reason is that I have stopped to smoke on the 29th of June –"

> – ich kann dazu nur sagen, daß der gute Mann should have stopped smoking, not to smoke, und daß der 29. Juni mein Geburtstag ist, nämlich heute. Aber der Kerl respektiert das nicht:

"... my wife, ich meine meine Frau, meine zweite Frau meine ich, my second wife, geborene v. Peisecke – General von Peisecke, Sie wissen, der Bruder des großen Physikers, the great physician ..."

> – physicist, please, "physician" ist ein Arzt. Aber lieber den Mann weiterreden lassen, dann kriegen wir die Sache schneller hinter uns, we'll get it over and done with –

"... ich meine, meine – meine Frau ist allergisch, she is allergical –"

> – nein, *allergic.* Ein Rat, Doosie: Bitte im Zweifel, when in doubt, weg mit dem *-al.* Weglassen ist fast nie ganz falsch und klingt fast immer gepflegter.

"– against smoke, I mean, she is allergical against smoke –"

> – er meint: allergic *to* smoke, aber er ist nun einmal *against* it –

"– and then, also, too, ich meine also außerdem [er meint: besides, in addition, moreover, aber laß man jetzt] – außerdem hustete ich in letzter Zeit immer so schleimig, I always coughed so ... [hilfesuchender Blick] ... I mean I was always coughing so ... how do you say *schleimig* in English, Dr Lansboro?"

Dr L. (angesichts der Aussprache-Parallele Lansburgh-Edinburgh nicht ungeschmeichelt, aber dennoch berlinernd): "Ja ja, ich kapier schon."

"– der Arzt sagte mir, se dockter tohld mieh, als wir noch in Wesermünde wohnten, kurz nach dem Kaiserschnitt meiner ersten Frau, after the Kaiser ... [wieder dieser hilfesuchende Blick], after the ... the ... [Doosie, *Dir* sag ich's: Caesarean section] ... nein, nach Konstanzes Oberschenkelbruch war's wohl, after her thigh-, thigh- ... na, ich war auch selber damals noch nicht ganz in Form, I wasn't feeling too fit [Bravo! woher hat er das], ganz kleine Hinterkopfverletzung, back-, back- ... na, da sagte eben der Arzt, se dockter tohld mieh that if ... daß wenn ich so weiterrauche, dann würde meine Lunge, my lung [Doosie: lungs, sofern nicht eine bereits weggeraucht], die würde nach zwei Jahren, after two years, oder sogar schon nach einem, after *one*, da würde die aussehen, it would look like a ... a ... schwarz zerfressener – like a black ... black ..., well like a black-eaten *Kloß*, do you understand *Kloß*, Dr L–? I mean like a corrumpated, corrumped, I mean corrupt *Klumpen*, do you say *lump* in English, *corrupt lump*, Dr L–?"

Dr L.: "Würde es Sie stören, wenn ich mir eine Zigarette anzünde?

Doosie: Now!

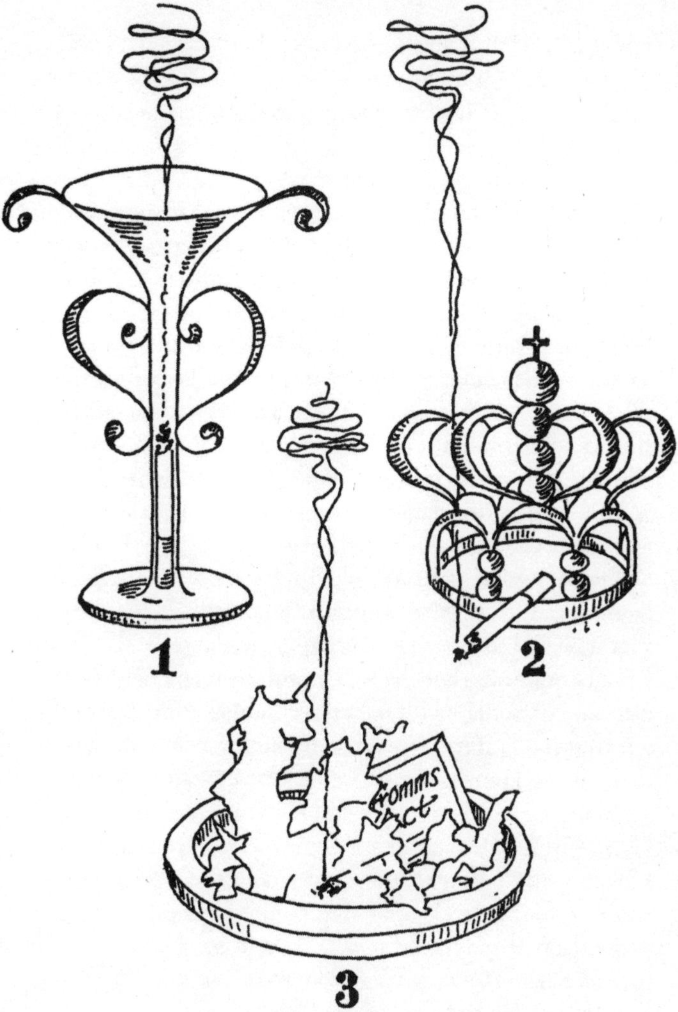

1–2: Whatever your views on smoking, darling, please get me a decent ashtray.

3: This is a decent ashtray. But, PLEASE, *don't use it as a waste-paper basket.*

P.S.

I have a strange feeling. You may call it a hangover, einen Kater. "Warum", frage ich mich immer wieder, "warum dieses Gebettel um eine gemeinsame Zigarette, wo ich höchstwahrscheinlich mit einer ernsten Absage rechnen muß?"

You may wonder why I am speaking German to myself. Well, I do, especially when having a hangover. And I keep asking myself: "Kann ich mir denn wirklich keinen anderen Höhepunkt unseres Verkehrs einfallen lassen?"

For your benefit, zu Ihrem Besten, I'd better translate this: "Can't I really think of any other climax of our intercourse?" Sprachlich wäre hierbei vielleicht von Interesse, daß "intercourse" ganz wie "Verkehr" verschiedene Deutungen zuläßt, ohne daß Außenstehende etwas davon zu merken brauchen.

"Na ja, verständlich ist's wohl schon in Anbetracht …", sage ich mir dann. Aber was hilft Ihnen aller Anbetracht, if I have never told you?

I'd better. Sollte das also tun. But the matter is a little delicate and personal, so I'll tell you in English, this time without translating difficult words: just find out for yourself in case you are interested.

The thing is that the cigarette is about the only tradition I have left. The English, in looking back an their history, have a great word for it: *continuity*. Just imagine that your friends and your home are all gone; that there is no connection between the past and the present; that there is nobody to whom you can talk in the language of your childhood; but that there has always been a packet of cigarettes.

More important still: Yesterday I discovered here that *Reemtsma Ernte 23* still exists. Just imagine! Fancy yourself being fourteen again, having a secret smoke in an *Eiskonditorei* (in Berlin it was), and thinking of – well, in my case her name was Hannelore. Ernte 1923, both of us.

Yesterday, then, I stopped smoking the bloody Igloo cigarettes I still had with me from Sweden. You can have them, all of them.

Yes, I *did* say Sweden.

Komisch? Ja, finde ich auch. I arrived here a few days ago, from Iglooland. Details later, or never. I think I have said quite enough for the moment or, bitte merken, for the time being.

Repetition:

1. "Kamin" auf englisch bitte. Wenn Ihnen das zu leicht ist, statt dessen: "gleichsam ein Kamin". Wie Sie sich erinnern werden, gäbe uns eine gemeinsame Zigarette *gleichsam* … nun ja, "so to speak" wäre nicht falsch, aber ich denke an einen anderen Ausdruck. Noch mal: "gleichsam ein Kamin".

2. "Vorschlagen", aber bitte nicht das schwerfällige "propose". As you may remember, I was not "proposing to you" – ich machte Ihnen keinen Heiratsantrag – but I was …ing a certain moment when to say NOW.

3. Mit obigem Vorschlag zusammenhängend: bitte um "männlich" bzw. "weiblich" oder, was im Englischen dasselbe ist, "Männchen" bzw. "Weibchen". Die meisten Ihrer Landsleute kennen nur "masculine", "feminine", "man", "woman". You can do better. Es handelt sich um zwei sehr häufige Wörter, wirkliches Insider-Englisch.

4. "Ehrlich gesagt". Kam an ziemlich versteckter Stelle vor, aber – wie fast stets – am Anfang eines Satzes, bei uns sogar am Anfang eines Absatzes. Ein einziges Wort.

5. About ten minutes ago, in this P.S., I said that the English, in looking back on their history, have a great word for it. Es ist das Schlüsselwort der englischen Geschichte, in Deutschland zumeist als englischer "Konservativismus" verschrien, von anderer Warte aus aber vielleicht das Beste, was

ein Land überhaupt besitzen kann. Das Wort ist in der deutschen Geschichte schmerzlich abwesend. Es bezeichnet Stetigkeit, Zusammenhang und Dauer, und einen festen Glauben an ihren Wert. I want you to know this word.

Well then, 1.–5.:

1. a fireplace, as ist were. – 2. suggest. – 3. male/female. – 4. Frankly, … – 5. continuity.

It's fascinating to see you turn round. Wir scheinen uns einzuspielen.

Now!

Zu plötzlich? All right, let's go on:

Ich habe Sie heute vor zwei Fremdwörtern gewarnt, die im Englischen etwas ganz anderes bedeuten. Keine Angst, ich bleibe sachlich.

Da war erstens das deutsche "eventuell": auf englisch nicht "eventual", was *schließlich* bedeutet. Sagen Sie statt dessen "possible", "possibly", "perhaps" oder gar nichts. Sollten Sie fortgeschritten sein, advanced, ist ein Umfunktionieren auf "may" oder "any" oft am elegantesten, aber das ist eine große Kunst.

Zweitens das deutsche "konsequent": englisch nicht "consequent", was "folgend" und ähnliches bedeutet, sondern *consistent*. Da gibt's noch manche andere Fallen, traps:

Für das deutsche "aktuell" um Gottes willen nicht "actual", was etwa *tatsächlich* bedeutet und alle nasenlang im Englischen vorkommt – it's actually one of the most frequent words of the language. Nehmen Sie für Ihr deutsches "aktuell" irgendein anderes Wort, z. B. "current", "topical", "present" oder … NOW.

Und dennoch, trotz aller Fallen oder traps: Erinnern Sie sich noch an "unanständig = indecent, obscene, equivocal"? Es war wohl in unserer ersten P.S.-Begegnung, ich machte

Ihnen da den Vorschlag, I *suggested*, ruhig ein deutsches Fremdwort als Rettungsring zu suchen, wenn Ihnen im Englischen nichts anderes einfällt. "Unanständig" zum Beispiel wird dann über die deutschen Fremdwörter "indezent" oder "obszön" oder "äquivok" zu – nun, siehe oben. Zwar nicht immer garantiert erstklassiges Englisch, manchmal auch Fallen, wie gesagt, oder auch "Denglish", aber zumeist können Sie sich per Fremdwort durchaus verständlich machen, which is the main thing.

Nur keine Angst. Sie können Ihren englischen Wortschatz sozusagen gratis verdreifachen, free of charge as it were, auch wenn Sie mit Rechtschreibung und Aussprache ein bißchen danebenhauen sollten. Never mind. In der Not frißt der Teufel Fliegen.

Letzteres, das mit den Fliegen, bitte ich Sie hiermit laut vorgeschlagener Fremdwortmethode zu übersetzen, übungshalber.

Kommen Sie, ich helfe Ihnen: In der Not ...

Not = deutsches Fremdwort "Misere"; frißt = "konsumiert"; Teufel = "Satan"; Fliegen = tja, in der Not: "Moskitos".

In misery, Satan consumes mosquitoes.

Na, geht doch schon ganz schön. Echtes Englisch wäre allerdings etwa das Sprichwort "Beggars cannot be choosers"; die Franzosen kommen uns da schon näher: "Faute de mieux le diable se couche avec sa femme ..."

Natürlich, Sie können's auch umgekehrt machen, the other way round. Machen Sie's mal.

You are sweet, darling. I mean –

– ich meine: Sie können ohne Fremdwörter, in schlichter Sprache, in plain English, *vereinfachen*, simplify. Das ist, wie jeder weiß, das Allerbeste, auch das Allerenglischste, jedoch zumeist das Allerschwerste, auf jeden Fall für Deutsche, die wohl immer noch gern in Abstraktionen schwelgen. Or have things changed meanwhile, unterdessen? I am a little out of touch. Anyway:

Englisch ist allem Abstrakten abhold. This is not only a matter of language but of attitude, eine Frage der Einstellung.

Die meisten Ausländer meinen, Englisch sei eine "leichte" Sprache. Das ist der größte sprachliche Fehler, den man überhaupt machen kann.

English is the world's most complicated language when complicated things are to be said. Yet English is the world's simplest language when things are to be said simply – which, as a rule, they should. Englisch hält Schritt mit Dir – it keeps pace with you, no matter how fast or slow you wish to move. Es wirft Dir nicht schon bei Deinen ersten fremdsprachlichen Gehversuchen Dutzende von Deklinations- und Konjugationsknüppel zwischen die Beine. Some languages do.

English keeps pace with you. Will you keep pace with English? Will you stop running away from it by complicating things unnecessarily?

Please simplify-vereinfache the following German text, den ich im WC eines idyllischen, Dir bei Gelegenheit vielleicht noch näher zu beschreibenden Gasthofs in Niedersachsen vorfand. Es handelt sich um eine aufgenietete Gebrauchsanweisung auf einer Toiletten-Handtuchrolle, a towel dispenser:

> *Nach Einzahnungsgeräusch neue Rollenauslösung abwarten. Bei Auslösung Handtuch vorsichtig bis zum Eintritt der nächsten Einzahnung nach unten ziehen.*

Nun bitte auf englisch, gleiche Handtuchrolle, etwa in einem Londoner Pub.

P.T.O.
pronounced-ausgesprochen *pi ti ou*
or even better *please turn over*
(bitte wenden):

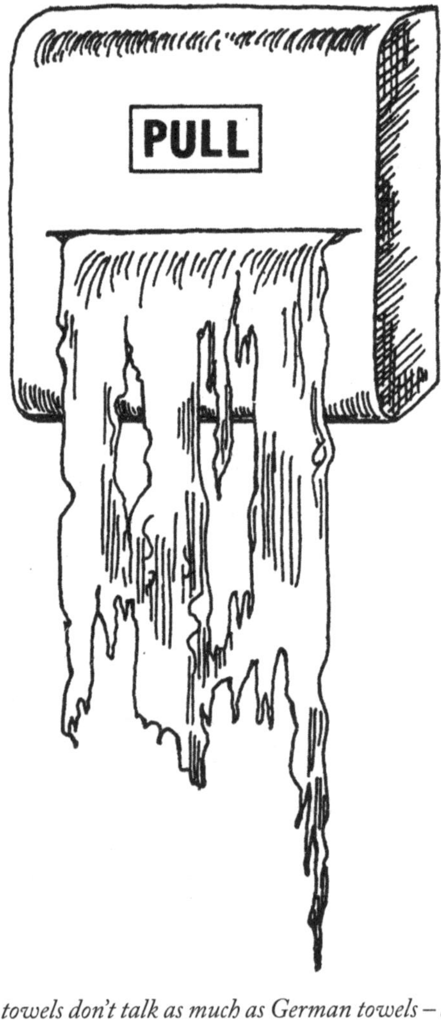

English towels don't talk as much as German towels – and never work.

(Allgemeiner: In England funktioniert nie etwas – nur der Mensch.)

The Joke Trick

Doosie,
I'm afraid – ich fürchte, es tut mir leid – *I'm afraid* you'll be the victim of Mrs Smith's coffee this morning. Victim: Opfer. Mrs Smith's coffee: right before me, on this breakfast table, and strong.

I forgot to tell you that our talks always begin at this breakfast table, in the early morning. The windows of the Smith inn or *Gasthof* are usually open, and there is a lovely view onto a couple of lime trees or, poetically, lindens or linden trees.

You may have a similar, or even the same view. You may actually be seeing these very lime trees just now, genau dieselben Linden, from another window in the house opposite. You never can tell – man kann ja nie wissen. You may be on a holiday trip, for instance.

You may be right here.

Where?

Tell me.

I warned you. Mrs Smith mag an diesem hemmungslos geschwätzigen Morgenpräludium schuld sein: Her coffee is particularly strong and stimulating. It all depends, es kommt ganz darauf an, wer von den beiden frühmorgens zuerst aufsteht und den Kaffee serviert, Mrs Smith or her husband. The latter, letzterer, tut leider sehr viel weniger Bohnen ins Wasser. Er ist ein stiller, recht belesener Mann und findet wohl, daß meine Feder in Schach zu halten sei, Ihretwegen, for your sake.

Then there is little Alice, the seven-year-old daughter of the house. When she brings in the coffee, as she sometimes does, it can only be hoped that she has been helping Mother.

That reminds me. I simply *must* tell you the Nescafé story. Let's make a date. Would tomorrow suit you? Fine.

But whatever the coffee in the Smith inn, strong or weak, the *Brötchen* are always the same. They are simply divine. Göttlich.

You may wonder what Mr and Mrs Smith have got to do with *Brötchen*. Auch mögen Brötchen nichts Besonderes für Sie sein; but as far as I am concerned they *are*. Einzelheiten vielleicht ein andermal, weil etwas unenglisch. But if I tried to behave like a "true Englishman", you could rightly call me a snob.

Incidentally, übrigens: Wissen Sie, woher das Wort "Snob" kommen soll?

Eton ist, wie bekannt, ein hochfeines Internat, a "public school" – ein Wort, das übrigens in den USA nicht viel mehr als "Volksschule" bedeutet. Ursprünglich wurde in Eton nur Adel zugelassen, nobility; aber mit dem Emporkommen begüterten Bürgertums, towards the end of the 18th century or so – Eton itself was founded in 1440 –, da wollte eben auch ein Mr Brown, Green, Black or what's-his-name sein Söhnchen nach Eton schicken. Nun gut, es wurden Ausnahmen gemacht, und im Schülerverzeichnis von Eton College war dann folgendes zu lesen:

"Peter Brown, s.nob."

Dieses "s.nob.", vom Kastellan fein säuberlich mit der Gänsefeder eingetragen, entered with his quill, ist eine Abkürzung von *sans noblesse*, "ohne Adel".

I don't know whether this story is true. Nor does anybody else. But so much is true: a snob is someone trying to be someone he is *not* – for instance, a petty bourgeois imitating the upper class, or a leftist intellectual imitating the proletariat, or myself posing as your super-British teacher.

I am not going to. No London-made pipe for me, but Ernte 23. I am pretty much "harvest 1923" myself.

Heute morgen fiel mir übrigens noch ein weiterer Grund ein, one more reason why you are the only one with whom I can smoke in peace. Forgive my harping an this subject – mein "Harfen", mein Herumreiten auf diesem Thema, *subject*. Should it irritate you, please appreciate that I am extremely pedagogic: Dinge, die einen Schüler irritieren, die vergißt er nicht so leicht. Back to smoking then.

Man muß sich ja bei andern so entsetzlich vorsehen, one has to be terribly careful with other people, selbst wenn man schon lange davon abgesehen hat, ihnen eine Zigarette anzubieten. Ich meine das deutsche Trommelfeuer, und das habe ich von Ihnen nicht zu befürchten.

Let me explain.

As I said yesterday, it is with the utmost-äußerster discretion that I get hold of that cigarette packet in my pocket, trying to take out a cigarette as inconspicuously as I possibly can – so unauffällig wie nur irgend möglich. Auch zünde ich sie nicht gleich an, denn nichts ist schöner, als sich noch ein kleines Weilchen der Vorfreude hinzugeben –

– aber nein, auch das darf man nicht, zumindest nicht in besseren Kreisen der Bundesrepublik. Herr Regierungsrat Berthelskorn, Dr. Aberbach und – um eine Mikrosekunde später – die Herren Rutzenhoecker und Strauß (with apologies to the politician) schnellen blitzartig die Hände in meine Richtung vor: Trommelfeuer, drumfire:

Ich zähle vier entschnappte Feuerzeuge (lighters), von denen zum Glück eines versagt, *fails*. Ich versuche, mich an letzteres – Herrn Strauß' echt goldenes – zu halten, um Zeit zu gewinnen, to gain time, ein ganz klein wenig Vorfreude zu bewahren, aber vergeblich, no use, the fire approaches inexorably-unerbittlich, the war is on.

Mit einer müden Geste wehre ich ab: "Thanks awfully, but I should rather like to wait a second or two."

Resultat, unweigerlich, automatically – Herr Berthelskorn and/or Dr. Aberbach-Strauß-Rutzenhoecker: "Jess, ju ahr kwait rait, se dockter tohld mieh … wott du ju koll *schwarzzerfressenerkloß*, ai miehn *klumpen* …?"

So kann das eben ganz einfach nicht weitergehen, it simply can't go on like this. Ich habe deshalb einen Trick erfunden. The Joke Trick. Er wirkt Wunder, it works marvels. Dieser Trick besteht darin, daß ich, sobald sich das deutsche Trommelfeuer freundlichst meiner Zigarette nähert, leicht abwehre und jede, auch die kürzeste, Replik mit einer schlagartig einsetzenden Anekdote abschneide, einem sogenannten *Witz*. Diesen nun bemesse ich so kurz oder lang, wie ich eben mit dem Anzünden meiner Zigarette warten will (Vorfreude). Hierbei spielt es nicht die geringste Rolle, wann dieser Witz abgebrochen wird und ob er überhaupt eine Pointe hat, whether or not it has a point, denn allgemeines Lachen ist mir gewiß, *vorausgesetzt daß – provided that* I tell the stuff in English.

Denn der größte Blödsinn, in einer Fremdsprache erzählt, wird automatisch zu goldenem Humor. Die Leute freuen sich nun einmal kindlich darüber, daß sie sogar einen Witz, *joke*, auf englisch, *in English*, verstehen, *understand*. Und wenn sie ihn nicht verstehen, if they don't, dann lachen sie noch mehr.

Was mir erlaubt, mir in aller Ruhe meine Zigarette anzuzünden, and at a moment chosen by me.

Sie glauben mir nicht?

Kommen Sie, ich erzähle Ihnen jetzt einmal den allerfaulsten und abgegriffensten Witz, den ich kenne, the poorest joke I can possibly think of, aber schön auf englisch. Lernen Sie ihn auswendig, by heart, erzählen Sie ihn Ihren anspruchsvollsten Freunden, und ich garantiere Ihnen: Sie werden Ihren Augen nicht trauen, you won't believe your eyes: die Leute werden lachen, *laugh*. Lassen Sie uns das einmal testen, vielleicht lachen sogar Sie. Dieser allerfaulste fiel mir gerade ein, weil er etwas mit Rauchen zu tun hat – genug, here we go:

A middle-aged man went to see a doctor because he wanted to live as long as possible – "at least another thirty years", he said.

The doctor examined him thoroughly but found no fault with him. "You are as fit as a fiddle", the doctor said, meaning that he was in perfect health.

But the man was not satisfied with this and insisted that he wanted to live as long as … et cetera.

"Well", asked the doctor, "do you *smoke*?" (Da haben wir's.)

"*Smoke*? No, never", the man protested.

"And what about *boozing*?" asked the doc, "do you drink much?"

"I wouldn't even touch a glass of beer", the man said.

"Fine", said the doctor and gave the man a quizzical look (bitte "quizzical" jetzt nicht nachschlagen, es tut nichts zur Sache) – "Fine, splendid", the doctor said, "but what about *women*, I mean late nights and so an?"

"Women? Never!" the man said peremptorily. ("peremptorily": siehe "quizzical". Noch mal von vorn:)

"Women? NEVER!" the man said peremptorily. The doctor then asked a last question:

"Now, tell me, my good man, *why* do you want to live that long?"

Ich fange hiermit eine neue Seite an, um zu markieren, daß der Witz zu Ende ist und Sie nunmehr lachen dürfen.

Frankly, did you or did you not?

– Der Witz war gar nicht *so* faul, sagen Sie, not as bad as all that?

Na hören Sie mal! Aber schön, um des lieben Friedens willen: Ich werde diesen Witz jetzt bis zur Unkenntlichkeit verkürzen, I'll cut it down beyond recognition, wie ich es eben je nach Bedarf bei den Rutzenhoeckers und Berthelskorns tue, und wenn Ihnen über dem kläglichen Rest schlecht werden sollte, if the left-overs should make you sick, dann bitte erzählen Sie den Quatsch im Freundeskreis, in *English*, oder meinetwegen *en français*, und wieder werden Sie diese blödsinnige Lache hören, that silly roar. Dabei aber bitte nicht vergessen, das Ende mit einer wohlbemessenen Pause zu markieren, with a clear interval, das schulden Sie schon den Leuten, you owe it to them. – Well then, here we go:

A middle-aged man went to see a doctor because he wanted to live as long as possible.

"Why do you want to live that long?" asked the doctor.

The man answered: "Because I don't smoke."

Gott strafe England, wenn Sie jetzt wieder lachen. Übrigens, by the way, incidentally, by the by: Spricht man in Deutschland immer noch von "englischem Humor" und hat man bei leisestem Auftreten desselben auch heute noch in lautes Lachen auszubrechen? In England unbekannt. You have either "a sense of humour", or you have not. If you have, people will like you, but they won't laugh all the time.

Und somit für unsere gemeinsamen Freunde eine letzte, auf einen einzigen Satz verstümmelte Version obigen Witzes, der auf deutsch natürlich zu eisigem Schweigen führen würde. Möglichst *Ärzten* zu erzählen, etwa mit der Einleitung: "This is the best joke I have ever heard in my life." – Here we go:

"A man went to see a doctor because he wanted to live as long as possible."

This is nasty of you, Doosie, ganz gemein ist das von Ihnen. It's simply not fair of you to say such things to me.

Don't pretend you don't know, tun Sie nicht so als ob … You know perfectly well what I mean.

Nein, fällt mir gar nicht ein. Ich habe keine Lust. I don't feel like repeating what you have been saying.

All right then, if you insist. You have been saying, or thinking, or feeling – unconsciously perhaps, unbewußt, and "somehow"-irgendwie – that I am playing the Joke Trick an you.

Um Sie wörtlich zu zitieren: Was wäre denn an diesem Buch schon dran, sagen Sie, wenn er da nicht so'n bißchen Englisch hineingeschmuggelt hätte? Gar nichts wäre dran, sagen Sie, aber jetzt kitzelt er einen mit seinem halbenglischen Schmus so lange, bis man's amüsant findet. Verschafft sich ganz einfach einen Jagdschein, der Bursche.

Zur Strafe sollten Sie das ins Englische übersetzen. Aber ich will das nicht zweimal hören. Besonders da Sie vermutlich – well, because you are probably right.

But I am right, too: It was nasty of you.

Now, it is a little difficult for me to explain why I am right *as well* – why I am *also* right – why I, *too*, am right – ("auch" ist das schwerste Wort der englischen Sprache).

But I am *equally* right. I shouldn't really tell you why, because this is actually – nun, es handelt sich hier um die eigentliche Handlung dieses Buches, und diese Handlung, *plot*, ist dermaßen peinlich, *embarrassing*, daß sie so diskret wie möglich, oder möglichst überhaupt nicht, berichtet werden sollte.

No, Doosie, don't. Don't tempt-versuchen me-mich, please. You'll regret it.

"Tell me, W."

Geschehen. Double You. As Oscar Wilde said: "I can resist everything except temptation." Allem kann ich widerstehen, nur der Versuchung nicht.

Somit die erste Rate:

I am playing the "Joke Trick" on you, I am talking in two languages to you, Doosie, because I've lost one of them. Posing as your English teacher is, for me, the only way to do the one thing I want to do at any cost or (synonyms:) at any price, come what may, sink or swim, live or die, tooth and nail, neck or nothing:

mit dem Kopf durch die Wand, zu Dir.

P.S.

Bitte auf englisch:

1. Drei Varianten von "übrigens". Alle kamen vor. Notfalls genügt eine einzige Variante, und wenn auch die nicht klappt, können Sie sich ohne weiteres eine vierte Version mit Hilfe unserer Fremdwortmethode zusammenbasteln.

2. Vier Varianten für das fürchterliche Wort "auch", und jede derselben in richtiger Wortstellung bitte. Alle vier in diesem Satz zu gebrauchen: "Ich habe *auch* recht."

3. Ob Sie's mir nun glauben oder nicht, daß man auch den faulsten Witz mit Erfolg auf englisch erzählen kann, so bitte

ich Sie dennoch, folgenden Satz zu übersetzen: "Jeder Witz genügt." (Zurückblättern hilft nichts, der Satz kam noch nicht vor.) Also bitte: *"Jeder Witz genügt."* Sehr schwer. Seien Sie nicht traurig, wenn Ihnen das "genügt" danebengeht, denn ich will vor allem das "jeder" von Ihnen haben. Und wenn Sie sich den Kopf darüber zerbrechen sollten, ob es hier "every" heißen muß oder "each" oder "all", so lege ich Ihnen hiermit etwas ganz anderes ans Herz. Es ist ein sehr wichtiges Wörtlein. Take it as a personal present if you didn't use it earlier.

Diese Fragen genügen wohl, they'll do; sie haben es in sich. ("they'll *do*": question No. 3!)

Vielleicht aber haben *Sie* eine Frage und wollen etwas von mir übersetzt haben.

Ich habe zum Beispiel heute morgen des öfteren von "Vorfreude" gesprochen, ohne Ihnen dieses schöne deutsche Wort zu übersetzen. To tell you the truth, I can't translate it.

Meine drei aus Uppsala mitgenommenen kleinen deutsch-englischen Taschenwörterbücher – Größeres kann ich von Ihnen nicht verlangen, halte mich deshalb auch selber an Kleineres –, diese drei sagen einstimmig unter "Vorfreude", in unüberbietbar schwulstigem Denglish: "anticipated joy". Ich selber bin ebenfalls ratlos, I am at a loss, kann Ihnen nur ein gutes Verb anbieten: *looking forward*, z. B. "I am looking forward to telling you the Nescafé story tomorrow." (Bitte auf das komische to …*ing* achten, das ist nun einmal so.)

Time has come for the answers: 1. By the way, incidentally, by the by; Fremdwortmethode: apropos. – 2. I am also right / I, too, am right / I am right as well / Im am equally right. – 3. Any joke will do. – 4. Fireplace.

Right you are, I didn't ask you the fourth question. But I do want you to remember, without my having to tell you ever again, that "fireplace" is KAMIN in German, and that this is important for reasons earlier explained in – wait a second – yes, here we are, it's an the first page of a story called

NOW

Back to untranslatable words such as "Vorfreude". Auch andere Wörter blieben heute morgen unübersetzt. Ich schulde Ihnen – I owe you, Aussprache wie die drei Buchstaben I O U, die in der Tat sehr oft über englischen Schuldverschreibungen stehen, I owe you, I O U –

– ich schulde Ihnen auch noch eine Übersetzung für *Brötchen.* Leider ebenfalls unübersetzbar, untranslatable, wie etwa Fausts *Gretchen.* Für mich jedenfalls. Dazu gehört, bildlich gesprochen, figuratively speaking, ein Brunnen vor dem Tore (untranslatable), ein Heideröslein (untranslatable) und, wenn man Glück hat, ein ganz bestimmter morgendlicher Frühstückstisch mit dem grünen Schein der Linden von der Dorfstraße her, und dazu noch ein zweites Brötchen für jemanden, den man niemals gesehen und immer geliebt hat.

Aber wenn Du – wenn Sie durchaus wollen, sagen Sie *rolls* für "Brötchen", und übersetzen Sie Fausts Gretchen mit Hamlets Ophelia. But please "include me out" – ohne mich.

Oder geht es Ihnen da ganz anders als mir? Sind Worte wie Brunnen vor dem Tore, Heidenröslein, Brötchen abgedroschene Phrasen für Sie, hackneyed clichés? Moderne deutsche Schriftsteller "verfremden" ja deshalb oft ein Wort, um es gleichsam aufs neue zu beleben – to make it live again, as it were. Und da komme ich Ihnen mit meinen Brötchen, wonnetrunken, als mache mich dieses Wort, nur dieses Wort allein, zu einem der bedeutendsten Lyriker der deutschen Sprache …

Lächerlich. Ridiculous. Pathetic (im englischen Sinne). Es mag daran liegen, daß ich im Gegensatz zu modernen deutschen Schriftstellern selber hinlänglich verfremdet worden bin; ich bin in Ihrem Lande sehr lange nicht gewesen. Therefore, in my case, *Brötchen* is no cliché. Nor is *Frühstück.* Nor *Heidenröslein.* Nor even – schlagen Sie mich tot: nor even *Deutschland.*

Gute Nacht.

P.P.S.

Sorry, a second postscript is not fair to you. Besides, it is late in the night. But there seems to be something not quite right between you and me.

Your silence – ich höre wirklich kein Wort von Ihnen, I hardly hear you breathe – Ihr Schweigen scheint mir anzudeuten, to suggest, daß Sie verstimmt sind.

Ob Ihnen meine Heideröslein-Sentimentalitäten auf die Nerven gingen?

Something *is* getting on your nerves. Aber möglicherweise hat Ihre Verstimmung – *discomfort* etwa, oder *irritation* – harmlosere Gründe. Lassen Sie mich letzteres annehmen, da Sie immer noch nichts gesagt zu haben scheinen und Raten kein Verbrechen ist.

"Mein Lieber", so scheinen Sie mir zu schweigen, "da verhören Sie mich über Vokabeln, ohne mich vorher auch nur im geringsten gewarnt zu haben, daß sie wichtig sind oder daß ich sie mir merken soll."

Fragender Blick meinerseits.

"Zum Beispiel", schweigen Sie plötzlich auf, "da wollen Sie plötzlich drei Varianten von 'übrigens' von mir haben, die irgendwo ganz nebenbei –"

– incidentally, Doosie, by the way or by the by –"ganz beiläufig und versteckt steht das alles irgendwo, wie soll man denn da plötzlich ..."

Gar nicht *plötzlich*, Doosie darling, einfach hübsch aufpassen beim Lesen, gerade deshalb "warne" ich Sie ja nicht, ich habe schon meine pädagogischen Gründe. Also immer darauf vorbereitet sein, daß in so einem PS *plötzlich* ...

"Unsinn", schweigen Sie wie ein Rohrspatz, "absoluter Unsinn! Sie haben ja selbst gesagt, am Anfang war das wohl, ich brauchte nicht alles zu verstehen – wenn Sie was von mir 'wollten', dann würde ich's schon merken."

Na eben. Tust Du ja gerade.

"Ach hören Sie auf mit Ihrem überlegenen –"

– *patronizing* ist das Wort für "überlegen", this is important, Doodoo darling, please repeat.

"– hör auf, sage ich, mich hier zu –"

– to *bully*, honey, most important, ich warne Sie hiermit ausdrücklich und wunschgemäß im voraus, please remember, Aussprache kinderleicht: *bulli*. Beispiel: I am bullying you, ich tyrannisiere Sie, kujoniere, schikaniere Sie, es gibt da wohl kein wirklich treffendes Wort im Deutschen, wenn es auch ungefähr das Schlimmste ist, was man überhaupt in England machen kann. In Deutschland vielleicht nicht so schlimm. Auch das Substantiv wäre sehr zu merken, *a bully*, es gibt in Deutschland meines Wissens mindestens so viele bullies wie in England und dennoch kein richtiges Wort dafür. "Tyrann", "Radfahrer" usw., das haut nicht ganz hin. Duden, o Großer Duden, nimm *Bully* in Dein Alphabet auf!

"Wenn Sie doch bitte auch nur *einmal* zuhören wollten, statt unablässig – ich meine, ich habe bei diesen plötzlichen Verhören wirklich nicht die geringsten Anhaltspunkte, das müssen Sie doch zugeben."

(A little conciliatory note scheint mir da durchzuleuchten, ein versöhnlicher Unterton; aber sich jetzt bloß nichts anmerken lassen, keep a poker face and make a compromise:)

Doch, Doosie, ich kann das schon verstehen, sehr verstehen kann ich das sogar. Vielleicht würde ich an Ihrer Stelle ganz ähnlich reagieren – I mean if I were in your shoes.

Schweigen.

Bitte merken, Doosie: "If I were in your shoes." Wer weiß, ob es nicht noch P.P.P.S. gibt.

"Ironisch brauchen Sie ja auch nun wieder nicht zu sein."

I am deadly serious, Doosie, I just tried to cheer you up a little. Und außerdem, *if the worst comes to the worst*, bitte merken, bedeutet etwa: nimm einmal das Allerschlimmste an –

"Und das wäre?"

– that you cannot answer one single question in those P.S.'s of mine

(Schmollendes Schweigen. Sulky silence.)

– ich meine … well, Doosie, there is a very nice German expression for cases when "the worst comes to the worst". If only I knew the English for it …

"Say it in German, W."

(Did I write it? Did she say it?)

Well, Doosie, in German one would say: *Na wenn schon!*

"Dann hätte ich noch eine Sache –"

Ja, Doosie?

"Das mit den Fremdwörtern, diese Fremdwortmethode."

Ja?

"Ich meine, erstens funktioniert es ja nicht immer, das sagen Sie ja selbst, 'aktuell' zum Beispiel oder 'eventuell' und so, und zwei –"

Das sind Ausnahmen, Doosie, *exceptions.*

"Na schön, exceptions, aber wie soll ich denn wissen, was exception ist und was –"

It's always wise to stick to the *rule,* not to the exception. And if the worst comes to the worst – well, you'll make a few mistakes then, and people may understand you even better. Italians for instance, or Poles, Turks, Greeks and what have you: they'll immediately understand your "actual" and "eventual" – even Frenchmen will, should they listen for once.

"Na ja, vielleicht. Aber diese Fremdwortsache hat noch einen anderen Aspekt ..."

– yet another *aspect.* Good! Go on.

"Genau! *Aspekt*! Sie zwingen mich ja geradezu, mein Deutsch mit allen möglichen Fremdwörtern zu spicken, zuerst zwecks Übersetzung und dann überhaupt."

So what? – Doosie, jetzt fällt's mir ein, "na, wenn schon" heißt auf englisch: *so what?*

"Ja ja. Aber schließlich wird mein Deutsch nicht besser von all diesem Fremdwortzeug, das müssen Sie doch zugeben – oder?"

(Das "oder?" klang lieb. Da kann ich ihr doch nicht an den Kopf werfen, ihr bißchen Französisch zu Hilfe zu nehmen, als Alibi, wenn sie ihr heiliges Deutsch zu schade dafür findet. Sagen wir also lieber, probeweise:)

Darling, würdest Du es mir verübeln – would you mind my objecting to all this?

(Schweigen.)

You see, Doosie, ich finde den Ausdruck "Fremdwörter" ein bißchen veraltet, er klingt nach "Fremdkörper". Englisch hat keine Fremdkörper. Englisch ist die glückliche Verschmelzung zweier Kulturen, Nord und Süd, und deshalb die reichste Sprache des Abendlandes.

(Schweigen – meaning either yes or no, or both.)

Und somit, Doosie: Sollte nicht auch Deutsch endlich ein bißchen internationaler werden können? Someone should do something about it. I have been away too long, I am outside; but if I were in your shoes –

"You are, Werner."

Träume ich?

Pollution

Dear D.,
Pollution: Umweltverschmutzung. Leider ein wichtiges Wort, bitte merken. Wichtig auch: to keep an appointment, eine Verabredung einhalten. As you may remember, we "made a date" yesterday, and that date is today. In other words, the time has come for the Nescafé story.

You may have learnt at school that England is a tea-drinking country. I'm afraid – bedeutet oft "leider" und heißt auf schulenglisch "unfortunately" – I'm afraid I have to disappoint you. The happy days of tea have gone.

What is, or rather was, tea in England?

London, Waterloo Bridge, an early foggy morning. I was on my way to the office. Far off, in the fog, I saw a young man climb up the parapet of the bridge, about to jump into the river. Unrequited love, I guess – unglückliche Liebe wohl. A passer-by, an old woman, seized him by a trouser leg and managed to get him down. She patted him on the back:

"Come on, young man, I'll make you a nice cup of tea."

Das war einmal.
You need not understand nor even believe this little episode, wenn Sie mir nur dieses eine glauben wollen: Tea, in England, was more than tea. It was something like a religion. And a *good* religion.

Those days are gone.

The reason, der Grund: a polluter, ein Umweltzerstörer, a criminal, introduced powdered coffee into the loveliest of islands and thus helped destroy

> this precious stone set in the silver sea, …
> This blessed plot, this earth, this realm,
> this England. Shakespeare, Richard II

The name of that criminal? Not Shakespeare. Aller Wahrscheinlichkeit nach, in all probability – und diese Wahrscheinlichkeit ist so überwältigend groß, daß ich, I'm afraid, einfach nicht um die Nennung seines Namens herumkomme:

Ich, I, me.

Es ist unverzeihlich – *unforgivable*, *inexcusable*, *unpardonable.*

(*in-*?? *un-*?? Bei Unsicherheit, when in-uncertain or uninsecure, möglichst *in-undeutlich* auszusprechen.)

Wäre es doch wenigstens echter Kaffee gewesen, the genuine stuff, etwa wie hier bei Mrs Smith. Selbst der hätte zwar nie, *never*, Englands heiliges Wasser ersetzen können; so aber ist ein Pulver, powder, zum Blut einer Nation geworden.

Doch bevor ich weitererzähle, noch ganz schnell, nur der Form halber, for the record, ein kleiner Vorbehalt, da ich mir einen Schadensersatzprozeß wegen vorsätzlicher Verleumdung seitens eines der mächtigsten Konzerne der Welt im Augenblick nicht leisten kann: I simply cannot afford a libel suit brought against me by the International Nestle Corporation. Und somit:

Nescafé ist *an sich* durchaus nicht schlecht.

Noch einmal, auf englisch, um ganz sicherzugehen: There is nothing wrong with Nescafé *as such*, or *in itself*, or *per se*.

Noch deutlicher, ich habe immer noch Angst:

Nescafé is great, for what it is.

Immer noch Angst, *cold feet*, eben kalte Füße, wegen des einschränkenden "for what it is", so wertvoll diese Wendung auch für Sie sein mag. Again:

Nescafé is superb, up to a point.

– "up to a point", "bis zu einem gewissen Grade", das ist wieder so ein Rückzieher, wenn auch ein typisch englischer. Rein sprachlich wärmstens zu empfehlen, statt des hölzernen “to some degree”. Habe aber immer noch Schiß (etwa: the jitters). Deshalb:

Nescafé is absolutely miraculous and has the real coffee flavour, fresh from the very heart of Brazil’s bounteous bonanzas.

So, das wäre das, that’s that. Aber warum habe ich Kindskopf denn überhaupt “Nescafé” genannt? Mir fällt gerade ein, daß man im englischen Sprachbereich ebenso oft oder gar noch öfter *instant coffee* sagt, etwa “Momentkaffee”, ja eigentlich nur von *coffee* spricht, weil es praktisch eben nur Nescafé gibt.

Genug. Endlich zur Sache – let’s get down to business.

Die Sache kam so:

I loved a girl called Dotty, which is a variation of “Dolly”, short for Dorothy. “Dotty”, by the way, also means feebleminded, almost idiotic.

Now Dotty was by no means idiotic. She was too nondescript for that. Zu eigenschaftslos. As a matter of fact, she was a typical example of what my friend Johnny would call an “er-er-ahm-ahm girl”.

Letzteres ist schwer zu übersetzen, aber leicht zu erklären: There are millions of nondescript individuals in the English-speaking world who – nun, die kaum einen einzigen Satz ohne ein “er … ahm … ahm …” über die Lippen bringen können. Zum Beispiel: “I … er … don’t quite … ahm ahm … know.” Es wirkt gebildet.

Noch gebildeter, geradezu aristokratisch, ist die Einfügung eines *sort of*, “irgendwie”, zum Beispiel: “I … er … sort of … don’t … ahm ahm … quite … ahm … know.” Bitte lernen. Wärmstens als Atempause zu empfehlen. Kein Mensch wird merken, daß Ihr Englisch nicht fließend ist. Your English will be … er … ahm … sort of … fluent.

Dotty’s er-er-ahm-ahm ließ mich kalt. It was something far more important that I had fallen in love with. I loved her legs. Schon der Kontrast ihres faden er-er-Geblöks mit diesen zwei über alle Maßen ausdrucksvollen … well, I had better stop describing the incredible beauty of her legs. "Taste is a matter of taste", as my friend Johnny would say.

In short, I *loved* her.

So did others. Above all a young man called Bob, short for Robert. Andere Verkürzungen dieser Art, zum Beispiel Dick für Richard, Jim für James und Jack für John, hätten ihm sicher ebensogut gestanden: Er war ein typischer Jimjackbob – Sie brauchen das nicht zu lernen, es handelt sich um Johnnys und meinen Privatausdruck für Leute, die ganz normal, recht nett und sonst nichts weiter sind.

Aber: He had a Jaguar, which to an er-er-ahm-ahm girl means just as much as a Teddy bear means to a baby. More important still, Jimjackbob's papa was a marmalade tycoon – das Wort "tycoon" ist lernenswert, Aussprache *taikúhn,* und bezeichnet einen Mann mit Geld und Macht. Papa Jimjack had plants – in diesem Fall nicht Pflanzen, sondern Fabriken – in Manchester: marmalade; in Liverpool: jams; in London, Birmingham and Glasgow: *Gli–Glo–Glue*, eine Art Alleskleber, a by-product of marmalade, getrocknet – dehydrated – auch als Hundekuchen bzw. (nach Vitaminzusatz) als Kleinkindnahrung vertrieben, Marken *Dog's Delight* bzw. *Baby's Delight*, und zwar wie gesagt getrocknet, *dehydrated* (I must repeat this word because it is important for the story). In figures – in Ziffern: Jahresumsatz, annual turnover, roughly / about / approximately £ 126,000,000, for dehydrated products alone. Net profit: £ 45,000,000.

Es gibt da ein sehr gutes englisches Sprichtwort: "Nothing succeeds like success", frei übersetzt etwa: Nichts ist erfolgreicher als Erfolg; noch freier: Wer Schwein hat, ist keins.

Und wer war ich dagegen? My father was as poor as a church mouse. He produced the one thing that people can neither eat nor use in any other practical way. He wrote books.

Dieser Jimjackbob nun jimjackbobbed (fläzte sich: mein Wort, kein Lernzwang) – this fellow kept jimjackbobbing in Dotty's posh-*schick* London West End apartment whenever I happened to drop in, wann immer ich auch zufällig vorbeikam, was allerdings allabendlich geschah. Er war einfach nicht wegzubobben, one couldn't get rid of him, although I usually stayed until long after midnight. Bis Dotty uns beide entließ, each time suggesting that our mutual friend should drive me home. With the result that Jimjackbob, night after night, found me in his Jaguar and willy-nilly – deutsch: nolens volens – played the gentleman. One hardly noticed that he hated it. True, gewiß: When driving through London at three or four in the morning, I sometimes heard him saying "bloody nuisance" – frei etwa: "verfluchte Scheiße". Aber welcher Autofahrer sagt das nicht dann und wann im Großstadtverkehr?

Einmal – es war etwa drei Uhr nachts, wieder in seinem Jaguar, wir waren todmüde – passierten wir eine hell erleuchtete, aber leider geschlossene Espressobar in Soho.

"I feel like a strong cup of coffee", Jimjackbob said with a yawn. Yawn: Gähnen. Feel like: einem danach sein, z. B. nach einer Tasse Kaffee. Aber Sein oder Nichtsein einem danach: all restaurants were closed.

"We should have one of those bags", sagte ich.

"Which bags?" Jimjackbob yawned.

"Those Nes–, Nes–" (ich wußte damals den genauen Namen nicht, hatte kleine Beutel dieser Art vor ein paar Wochen in der Schweiz gesehen, wo ein Stiefvetter von mir – nun, das alles ist schon sehr lange her; es waren aber damals wirklich Beutel, bags, glaube ich, keine Gläser, jars.)

Nes– *what*?" Jimbob schien zu erwachen.

Ich erklärte: "Dehydrated something you know – coffee. Some sort of er-ahm powder, they make that stuff in Switzerland."

“It might be amusing to have a sample”, said Jimbob, casually.

(sample – Probe; casually – “beiläufig”, jedoch zumeist nur scheinbar: Man ist viel interessierter, als man zeigen will – sehr englisch. In Jimbobs Fall ganz besonders *casually* because he was not only the son but also the junior partner of the dehydrated Baby’s Delight tycoon.)

“Yes, they are quite handy, those bags”, sagte ich, *casually*.

“Do you happen to know someone in Switzerland who could send along a sample some time?”

(Jimbob’s “some time”: wörtlich “irgendwann”, wirklich “unmittelbar”.)

“Let me think.”

Ich dachte nach. Sollte man ihm raten – should I suggest that he himself went to Switzerland, *some time*, damit man endlich einmal mit dieser Dotty no, this would be too obvious, zu deutlich.

“Wait a second”, sagte ich. “I *do* know someone in Switzerland. His name is Goldwine – sorry, Winegold, an American. Very nice man, and a great collector of Renaissance art – he has half a dozen Botticellis or even more. And what a charming wife he has, née Rothschild, I believe.” (Der ganze Mann einschließlich seiner Frau, geb. Rothschild, in einem Jaguar aus den Fingern gesogen: made up / cooked up.)

Kleine Pause. I went on, casually:

“A multimillionaire, of course. It’s not exactly cheap to collect Botticellis by the dozen. The guy has factories all over the place, canned food, cocoa, dry milk and other dehydrated stuff –”

(de-hy-dra-ted, ich sprach ein großes Wort gelassen aus, *casually*, and waited for it to “sink in”, wie man im perfiden Albion sagt.)

Plötzlich stand der Jaguar still, trotz grünster Verkehrsampel, als hätte er sich selbst gebremst. Verkehrsampel: traffic light.

"I could write to Mr Winegold", said I, und ihn bitten, eine Probe zu schicken, a sample. "Very helpful fellow, Tom Winegold", I added. Vielleicht, so meinte ich, habe Tom selber diese Beutelchen noch nicht gesehen, er habe ja nur seine Botticellis und seinen dehydrated stuff im Kopf, aber man könne ihm ja die Sache näher beschreiben, *describe* …

Jimbob started the Jaguar, with a jerk-Ruck. The traffic light was red.

Am nächsten Abend, when I happened to drop in at Dotty's place, war kein Jimbob mehr da. Vermutlich in die Schweiz geflogen. Nobody will ever know.

Auf jeden Fall blieb ich an jenem Abend länger als gewöhnlich bei Dotty. Auch den nächsten und übernächsten. Und als Jimbob nach einer knappen Woche zurückkam, hingen mir Dotty's noch am vorigen Dienstag so unsäglich schönen Beine der ganzen Länge nach, full-length, zum Halse heraus. In other words: I was … er … er … ahm … ahm … sort of … *fed up*.

Oder wie mein Freund Johnny zu sagen pflegt: "In the long run", auf die Dauer –

"In the long run", Johnny would say, "a good fuck is a purely intellectual affair." Frei übersetzt: Wer's nicht im Kopf hat, hat's auch in den Beinen nicht.

(*Fuck* is a so-called "four-letter word", eines jener aus vier Buchstaben bestehenden, früher polizeilich verbotenen Wörter, die immer wieder dazu verleiten, Kinder in die Welt zu setzen. As your English teacher it is my duty to inform you about these words, whether I like it or not. I like it.)

Und nun frage ich Sie, Doosie: Wie kann man ein ganzes Land zerstören, und dazu noch unser geliebtes England – wie kann man eine Dunstglocke von schwarzem Pulver darüberstülpen, only because one is keen-erpicht auf zwei baldigst zum Halse heraushängende …

A pair of legs. Or, to quote-zitieren a poor Jew in Venice who had to quote Shakespeare all the time: "A pound of flesh."

Ein Pfund Fleisch.

Forgive me, Doosie. It is unforgivable, inexcusable, unpardonable. Forgive me.

This precious stone
set in the silver sea –

P.S.

I forgot to say that the name of that Jew-Jude with his pound of flesh is Shylock, the Merchant of Venice.

You know?

You didn't know? (Der Kaufmann von Venedig.) Well, perhaps you will know this:

1. Bitte englische Namenverkürzungen für James, John und Robert.

2. Wie heißt ein "unanständiges" Wort auf englisch?

3. Bitte um ein sehr englisches "leider" – aber nicht "unfortunately". Und bitte weiter um ein ebenso englisches "leichthin" oder "lässig" oder "beiläufig". Es kam des öfteren in Jimbobs Jaguar vor.

4. Umweltverschmutzung, auf englisch. Weiter "geborene", z. B. Frau Müller, geb. Rothschild.

5. Schließlich: Bitte schriftlich, in Ziffern, aber auf englisch: 126 000 000. Nur diese Ziffer bitte, irgendwo hingekritzelt. As you may remember, this was the annual turnover of Papa Jimjack's dehydrated products.

1. Jim, Jack, Bob. Übrigens hatten wir weiterhin Dick für Richard und Dolly (Dotty) für Dorothy. Kostenfreie Zugabe: Liz for Elizabeth, Peggy for Margaret, Pat both for Patricia and for Patrick, Ted for Edward and Theodore, Sam for Samuel. "Uncle Sam" übrigens: *United States of America.*

2. A four-letter word. Da diese Wörter zum Verständnis moderner angelsächsischer Literatur immer unerläßlicher werden, in Ihrem Wörterbuch aber fehlen, seien die hauptsächlichsten erwähnt. These words are (a) fuck, (b) cunt, and (c) prick, although "prick" has five letters and "love", having four, is no four-letter word. Now, (a) is the action itself, and (b) / (c) are what Eve /Adam usually used for (a).

Ich muß Sie sehr um Entschuldigung bitten, denn Sie sind mit Recht entrüstet.

"Four-letter word!" rufen Sie empört aus. "Da haben sie mir ausdrücklich gesagt, Bindestriche seien im Englischen wegzulassen, und nun machen Sie es selber, überall, mit Ihren four-letter words, Ihrem er-er-ahm-ahm girl und was nicht sonst noch alles. Woran soll ich mich da eigentlich hal–"

Gut, Doosie, gut, ich hab' das gern, wenn Sie wider den Stachel löcken. Bitte weiter löcken, it's part of what my friend Johnny calls "a purely intellectual affair". Es ist dies wirklich ein heikles Thema, das mit den Bindestrichen. Ich meinte eigentlich nur den weitaus häufigsten Fall, die strichlose Kuppelung von Hauptwörtern, z. B. "Liebesbrief", love letter, "Erwachsenenbildungsberatungsstelle", Adult Education Council oder wie's nun heißen mag, jedenfalls ohne Bindestrich, without hyphen, geschweige denn in einem Wort. Etwas anderes ist schon ein six-year-old child und ein four-letter word, wo keine Hauptwörter verkuppelt, sondern Beiwörter sozusagen vorgekuppelt werden. Nun, trösten Sie sich, keiner weiß da so recht Bescheid. Ältere Leute bindestricheln mehr als jüngere, Engländer mehr als Amerikaner, and one of the greatest authorities an the English language, H. W. Fowler, co-author of the *Concise Oxford Dictionary*, speaks of a "chaos" here. Im Zweifel, when in doubt, bitte Bindestriche weglassen und folgende englische Maxime merken: *When in doubt, don't!*

3. I'm afraid; casual/casually.

4. Pollution. Mrs Müller, née Rothschild – *née*, nicht *born*, denn geboren ist sie ja sowieso. That reminds me – nämlich an meinen Freund Johnny, der einmal in einem deutschen Hotel ein Anmeldeformular wie folgt ausfüllte:

NAME (name) ...JOHN. F.. HARRISON..

GEBOREN (born) ..YES....................

5. 126,000,000. Ja, Kommas, wenn sie auch im Deutschen für Dezimalziffern reserviert sind. Letztere im Englischen mit Punkt. Nehmen wir beispielsweise statt Mr Jimbobs Millionenumsatz das durchschnittliche (average) Einkommen eines deutschen oder englischen Schriftstellers, in Dezimalen:

0.000

– ausgesprochen wie der englische Buchstabe o, also *ou*, und somit: *out point ou – ou – ou.*

Sie können statt o auch "zero" für Null sagen, oder "naught". Aber Ihr o gefällt mir besser, besonders jetzt: I usually write these P.S.'s in the night.

Bitte noch mal sagen, Doosie, mit *ou*, ganz wie der englische Ausruf "oh":

o.ooo

Lauter!

Doosie, das erregt mich.

Ich "dalbere", sagen Sie?

Na hören Sie mal, Naturgesetze dalbern nicht.

Noch mal o point o–o–o sagen, Doosie, *please.*

O for a Muse of Fire

Doosie,
I am cheating you, ich beschummele Sie. Dies ist nämlich nichts anderes als eine getarnte Fortsetzung unseres P.S., immer noch mitten in der Nacht.

Wollte ins Bett gehen, aber Ihr O–o–o wurde immer größer und schließlich zu einem mächtigen

> O for a Muse of fire

O sprühe Feuer, Muse! Erglühe in Himmelshöhen kühnster Phantasie –

> O for a Muse of fire, that would ascend
> The brightest heaven of invention!
> A kingdom for a stage –

Ein Königreich wird Bühne –

– nein, wird Flohzirkus! Wie kann er Frankreichs Weiten fassen?

> Can this cockpit hold
> The vasty fields of France? Or may we cram
> Within this wooden O the very casques
> That did affright the air at Agincourt?

Die Helme nur im Schlachtgewühl von Agincourt: wo wäre Platz für sie in dieser Bretterletter O? Verzeiht! Das Lükkenhafte, füllt es selber aus.

> O, pardon! …
> Piece out our imperfections with your thoughts.

Shakespeare, Henry the Fifth. Zeilen aus dem gewaltigen Prolog. Ein Dichter beschwört seinen Genius, beschwört Dein und mein inneres Auge, ein paar Bretter inmitten eines ärmlich O-förmigen Zuschauerraums die Welt bedeuten zu lassen.

O for a Muse of fire, that would ascend
The brightest heaven of invention!
A kingdom for a stage, princes to act,
And monarchs to behold the swelling scene!
... But pardon ... Can this cockpit hold
The vasty fields of France? Or may we cram
Within this wooden O –

Du mußt das selber lesen. Meine Übersetzung ist unzulänglich, habe den guten Schlegel-Tieck nicht zur Hand, nur "The Complete Works of William Shakespeare" in einem Band, den ich auf diese Reise mitnahm. Vielleicht gibt es eine Übersetzung in der "Buch-Handlung" dieses sonst so dörflichen Ortes – ja, "Buch-Handlung", auf deutsch, mit rührend altmodischem Bindestrich, so steht's in verblichenen Lettern über den zwei kleinen Schaufenstern schräg gegenüber, nur ein paar Schritte von, hier, hinter den Linden. Da mag ein Schlegel-Tieck zu haben sein. Will aber bis morgen früh nicht warten, dann ist der Traum vorbei.

Deshalb noch in dieser Nacht von jenem beschwörenden O. Es ist bei dem größten Dichter und dem kleinsten, auch dem hundsmiserabelsten, das Ende des Alleinseins. Denn wo das Wort Gestalt gewinnt, erwacht die Welt, sie "sagt" uns etwas. Sie sagt, daß es Dich gibt.

O for a Muse of fire. Is this melodramatic, Doosie?

O point o – o – o. Is this obscene, Doosie?

Four-letter words. Five-letter words. Ten-letter words. There is no difference.

Good night, love.

Dear Mr Jimbob

Good morning,
alles wieder in Ordnung, Doosie. Everything under control. I am quite sober now. Sober: nüchtern.

May I say a few more words about that Jimbob fellow? On second thoughts, bei näherer Überlegung – on second thoughts I feel that my pollution guilt, meine Umweltverschmutzungsschuld … that this pollution guilt, if any … "if any", sehr praktisch, bitte lernen, im Deutschen nur umständlich mit "falls überhaupt vorliegend" zu übersetzen, denn "etwaig" ist zu schwach – again:

On second thoughts I feel that my pollution guilt, if any, is very small. In fact, I am practically innocent-unschuldig.

You may not find this too important. Even so, *dennoch*, let me try to explain.

First – doch doch, Sie können auch "firstly" sagen –, *erstens*: The probability of my being guilty – probability: Wahrscheinlichkeit; guilty: schuldig –, this probability is almost non-existent. After all, schließlich und endlich – bitte merken, *after all* ist viel gebräuchlicher und ausdrucksvoller als "schließlich und endlich" – after all, nobody knows whether that Jimbob guy went to Switzerland at all, and if so, what he did there.

Second: Wer weiß denn, ob nicht schon *vor* Jimbob's trip, *if any* (d. h. seinem etwaig stattgefunden habenden) – ob nicht schon lange vorher jener trockenmilchfabrizierende Botticelli-Hamsterer namens Winegold die Sache in die Hand genommen hatte, multinationally. Denn wenn ich mir auch diesen guten Mann damals in Jimbob's Jaguar aus den Fingern gesogen hatte – made up / cooked up –, so mag es ihn dennoch gegeben haben. It would not be the first time in history that an invention has been made twice.

Third: Even if, selbst wenn that Jimbob fellow should have introduced that stuff (Zeug) into Britain, wer weiß denn, who can tell, ob nicht anderenfalls ganz andere Leute, i. e., d. h., i. e. people with whom I have nothing to do whatsoever, e. g., z. B., e. g. a Mr Jones or Brown, ob nicht derlei Piepel fünf oder zehn Minuten später dieses Zeug (stuff) sowieso, *anyway*, nach Großbritannien gebracht hätten. *After all*, die Sache war ja bereits erfunden, invented, which means that for the British market this was merely a matter of a licence. Anyone could get it if he paid a few millions per year – per year, please, not *pro*!

Nach diesen whodunit-Erwägungen – "whodunit" Verkürzung von "who (has) done it?", populäre Bezeichnung für Krimis – nach alledem kann ich mir nicht helfen, I can't help feeling that my pollution guilt is not so terribly great, *after all*.

You are not quite sure, sagen Sie? Seit wann sprechen Sie übrigens englisch mit mir? It's not a bad idea.

Sie meinen also, you mean to say, that the probability of my being guilty of pollution is greater than I am trying to make you believe?

"Fifty-fifty", you say?

That's not fair. The Chance of my being guilty cannot be more than one percent ("percent", one word), or one per cent (two words), or 1 % – please yourself, machen Sie das, wie Sie wollen, but no *procent*, please.

"Ninety-nine percent", sagen Sie? Well, Doosie, I *must* say …

"Ninety-nine point nine percent." Das ist gemein von Ihnen, downright nasty.

Ach so, I see, you are pulling my leg, Sie verkohlen mich. Sorry, I only seem to understand my own jokes.

– Aber Sie bringen mich da auf eine Idee.

Warten Sie mal, schwer auszudrücken. How shall I put it –

Ja, etwa so:

Nehmen Sie einmal an – suppose that your joke happens to be true. Es ist ja, *after all*, nicht völlig ausgeschlossen, daß an Ihren 99,9 Prozent Wahrscheinlichkeit meiner Schuld etwas dran ist, that there is something to it (to it, "dran"). In diesem Falle, in that case –

– just a second, ich muß mir da erst einmal in Ruhe etwas ausrechnen, I must figure out something.

All right then. Ich habe einen ungefähren Überschlag gemacht, a rough estimate.

Suppose – nehmen Sie einmal an – suppose that your ninety-nine percent should happen to be true, or a mere sixty percent, for that matter – oder, was das betrifft, *for that matter*, auch nur 50 Prozent.

Wollen wir da nicht dem lieben Mr Jimbob ein Briefchen schreiben? Just in case – wichtig, bitte merken, auf deutsch etwa "für den Fall der Fälle". Just in case.

It may be worth trying. If it was really me (or I) who called Mr Jimbob's attention to that stuff, he would certainly remember, and in that case –

– well, I have figured out that a very modest provision of say 0.0001 percent of his total imports since, *seit* – na, die Sache ist, wie gesagt, schon lange her, da muß eine ganze Menge Pinkepinke, dough / beans / cabbage, angelaufen sein –

I have figured out that those 0.0001 percent would *roughly*, ungefähr, amount to 100,000,000 – in words:

pounds sterling, dollars, D marks or Swiss francs, just as you like, man soll da nicht zu kleinlich sein, let's "think big".

Kommen Sie, setzen Sie sich mal schön neben mich, right here, please, *close*, wir schreiben dem Jimbob a nice little letter, suggesting our modest 0.0001 percent, i. e. £, $ and/or DM 100,000,000. That Jaguar fellow must be the Managing Director of Papa Jimbob's companies by now, and his address – letztere mit zwei *d* bitte –, die werden wir schon im nächsten Supermarket auf irgendeiner Blechbüchse, *tin* bzw. *can*, seiner britischen (tin) bzw. amerikanischen (can) Fabriken herausbekommen.

Let's start. Am besten machen wir wohl erst mal einen *draft*, eine Kladde.

Dear Mr Jimbob,
As you may recall ["recall": scheißvornehm für "remember"], we met quite some years ago at Dotty B.'s charming place in London. ["B.'s", großartig, klingt, als ob weder er noch ich ihren Nachnamen vergessen hätten.] I remember vividly our stimulating conversation on the subject of ["zum Thema", scheißvornehm für "about"], on the subject of Renaissance art, Botticelli collections, and especially – meinen Sie, daß ich jetzt damit herausrücken kann oder kommt's zu plötzlich? – especially the ... na was denn, ich kann doch jetzt nicht NESCAFÉ hinhauen –

– especially, nein, particularly, nein, *notably*, ja, ist sch. vornehm: notably our discussion about ways and means [hoho!] of introducing into the British market the – the na was denn ...

– *notably* our discussion of various national and international consumption patterns ["pattern" is first-class, sch.modern, and sounds like sociopsycho-etc. marketing research] with regard to ... to ... nein, feiner: in connection with ... besser mit x, sch.fein: in connexion with ... with ... NES– nein, zu plötzlich.

Thank you, Mr Smith. (He brought another cup of coffee. He said I should go out and have some fresh air instead of writing all the time. His coffee is weaker than ever. He means well.)

– ich hab's! I have got it! Passen Sie auf:

– Renaissance art and ... blah blah blah. In speaking of Vevey, that delightful [sch.fein für "nice"), that delightful spot an the Lac Léman [sch.fein für Lake Geneva, i. e., *d. h.* Genfer See] – that most delightful blah blah blah et cetera, I happened to mention the de–, na ja, warum denn nicht: the dehydration processes operated there ["operated": sch.f., und falsch noch obendrein] – sagen Sie mal, hören Sie eigentlich überhaupt noch zu? ... operated there by ... by ... mein Gott, man wird doch noch seinen Mund auftun dürfen: by NESTLÉ.

Zu plötzlich, finden Sie? Well, yes, it *is* straightforward, direkt und unverblümt. Aber einmal muß es doch schließlich raus, one must get it out of one's system.

straightforward: Achtung, P.S.! Auch "getting it out of one's system" merken. Der Ausdruck klingt vielleicht ein bißchen nach Sexualnot, hat aber nichts damit zu tun.

Sorry. Noch mal von vorn:

– *notably* the dehydrated

Schlafen Sie oder tun Sie nur so?

Sie *tun* nur so?

Wissen Sie was, Doosie, we skip the whole bloody thing, wir sch. drauf, der Jimbob soll an seinen Millionen allein verrecken.

Sie reagieren immer noch nicht? Sie sagen nicht: "Na hör mal, look here, one doesn't throw one hundred millions out of the window like that –"

I can't believe it, Doosie. But really, I don't hear you saying one single word. Kein Zetern, no nagging, no carping, no harping, no nothing über unsere Haushaltskasse. You know our present financial situation. It is bad enough. And yet no word about millions lightheartedly thrown away.

As if we were complete strangers. Als ob wir überhaupt nichts miteinander zu tun hätten.

Thank you, Doosie.

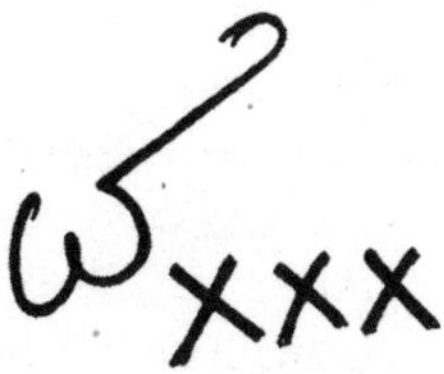

They'll tell you in England what these crosses mean.

In Austrian: *Busserl* (three of them)

P.S.

Before saying good night, please say in English:

1. Wahrscheinlichkeit, Kladde (we tried to make one for the Jimbob letter).

2. ausrechnen; geradeheraus (direkt, unverblümt, ungekünstelt).

3. "ungefähr" – aber bitte zur Abwechslung etwas anderes als Ihr gewohntes "approximately" oder "about".

4. "d. h." und "z. B.": entsprechende englische Abkürzungen.

5. bitte sch.vornehmes Wort für "remember" sowie für "nice" und "especially".

Zu schwer diesmal? Bitte versuchen. Danke im voraus.

Danke im voraus – "Thanks in advance"? Tja, vielleicht. Vorausdankerei ist in England recht selten. You can certainly pay in advance, but if you *thank* in advance you are, perhaps, just a little too polite (sch.freundlich), and probably a foreigner.

1. Probability. Sagten Sie "chance"? Geht oft ebensogut, engl. *tschahns*, amer. *tschähns*, Sie können also kaum fehlgehen. Wo wir gerade bei Aussprache sind: Bitte mich an Witz mit "pronounced/ausgesprochen" erinnern. Thanks in advance …

Kladde: draft, pronounced *drahft* (British), *drähft* (American), just make your choice – oder (wir hatten das heute:) please yourself.

2. figure out; straightforward.

3. roughly, Aussprache *raffli*.

4. "d. h.": i. e., Aussprache *ai i*, lateinisch: id est. – "z. B.": e. g., lateinisch "exempli gratia", Aussprache zumeist durch "for example" ersetzt.

5. recall; delightful; notably. Diese Wörter natürlich nicht immer nur "sch.fein", *precious*, *ected*, zuweilen durchaus angebracht – it all depends / je nachdem.

Do you think you can cope with another few questions?

Bitte die unten "schräg" gedruckten, *italicized*, Wörter "aktiv" verstehen und ins Köpfchen schlagen. Eine Übersetzung gebe ich Ihnen nicht, habe Sie mit diesen Ausdrücken heute morgen schon genug geplagt.

Dear Doosie,

- your husband, *if any*, can hardly accuse us of having a love affair,
- for this is a book, *after all*,
- and thoughts are free, *anyway*,
- and you are no nun, *for that matter*.

You *are* a nun? Eine wirkliche Nonne? How very interesting. This reminds me of a Trappist nun. The Trappists, you know, are forbidden to talk. I met her at –

What's the matter, Doosie?

I see. You have had enough for today, you want to go to bed. Speaking of "bed", please remind me of a little anecdote about positions, 173 positions, no matter whether you are a nun or not. And please don't forget: you should remind me of yet another anecdote, the one about "pronounced".

To revert-zurückkommen to that Trappist nun: I met her at a place where –

Sorry. You *did* say that you wanted to go to bed. Ich weiß wirklich nicht, warum ich diese maßlose Schwatzlust habe.

Doch, ich weiß.

I know. I'll tell you why. Even if you are tired. It's important.

I shall never forget a little episode in Piccadilly Circus. Letzterer ist, wie Sie sicher wissen, kein Zirkus, sondern ein "zirkel"-runder Platz, geradezu das Herz Londons, wohl sein größter Verkehrsknotenpunkt. Mitten in diesem Knotenpunkt, umgeben vom Lärm rasender Autos, Lastwagen und Busse, eine winzig kleine Menschen-Oase: der "Eros" hoch oben, ja *Eros*, Doosie, ein Amor auf hoher Säule, und darunter eine etwa kreisförmige, leicht gestufte Plattform, auf der man sich trifft.

Man sieht dort stets sehr viele Menschen, junge und alte, sitzend, stehend.

Once I saw a man there, and a girl.

The man talked to the girl in a strange mixture of two languages, English and German. His English was quite good, and so was his German. Evidently he was a German refugee living in London, one of those many Jewish refugees from the Hitler days.

(Refugee: Emigrant; richtiger übersetzt: Flüchtling, Vertriebener; denn diese Leute wurden einmal, oft auf immer, heimatlos gemacht.)

The girl to whom he talked may have been German or English, I don't know. She may have been old or young, fair or dark, I don't know. I didn't see her. I only saw her back. She may even have been a nun, a Trappist nun, for all I know – "for all I know": was weiß ich! She was listening to that man. She said nothing.

I shall never forget that scene in Piccadilly Circus, under the Eros statue. For I heard the man saying to that girl, zaudernd, abgerissen:

I should not talk so much
ich schwatze und schwatze. But –
but I love you
weil ich mit Ihnen, mit Dir –
– because I may talk to you.

Good night, Doosie.

Digressions

Dear Doosie,
Thank you. You reminded me. Folglich dürfen Sie sich's auch aussuchen, you have the choice. Just tell me which story you want to have first. Die 173 Stellungen, *positions*? Oder die Geschichte von der nicht immer so leichten englischen Aussprache – Schlüsselwort *pronounced*, "ausgesprochen"?

To be honest, the "positions" are a bit on the "spicy" side. Bitte den Ausdruck "on the ... side" merken. For instance, Mrs Smith's coffee is "on the strong side", while Mr Smith's is always "on the weak side"; the weather is "on the chilly side" – dieses *chilly* (frisch, kühl) ist in England, da wir gerade bei *pronounced* sind, auch bei wärmstem Wetter mit leicht fröstelndem Händereiben auszusprechen – and the "positions" story is on the spicy-würzig-schlüpfrig side, which is only natural when talking about the technicalities of making love.

You seem to shake your head. Sehr richtig. Denn wie Sie vermutlich schon aus der Schule wissen, schütteln Sie in Deutschland *den* Kopf, in England aber *your* head, genauso wie Sie in der Bundesrepublik *den* Arm brechen, in England aber *Ihren*. So far so good, bis dahin wäre also alles in Ordnung. Aber nur bis dahin. For – denn – I don't like that shake of your head. I don't like it at all. Am I to understand that you don't want the "spicy" story?

Emphatic nod. "Nachdrückliches Nicken des Kopfes", was wohl besagen soll: "Wenn er doch endlich mit diesen zweideutigen Geschichten aufhören würde."

Das macht mich ein bißchen traurig, Doosie, it *does* make me a little sad ("does": emphatic). I *do* feel that between friends all things are intimate, and none obscene.

Mmm–

Wenn Sie mummeln, kann ich Sie unmöglich – I cannot possibly understand you if you mumble.

M–

You sound like a patient in a dentist's chair. No wonder. We are a pretty uneven match, ein ziemlich ungleiches Paar. I am talking all the time, like a dentist-Zahnarzt with my fingers in your mouth, and you can't say so much as a single word.

To judge by your silence, you seem to agree. I sympathize, "ich nachvollziehe". But as things are between you and me, one of us must do the talking. If both of us were silent all the time, people would start wondering what the dickens (= devil) we are doing. After all, there are 173 positions.

M–

I see. You are definitely against those positions because – well, if I am interpreting your "M–" correctly, dann wollen Sie etwa folgendes sagen:

"Sie behandeln mich wie eine prüde Gans. Ich bin weiß Gott nicht prüde, aber das berechtigt Sie nicht –"

Den letzten Satz müssen wir auf englisch haben: "I'll be damned if I am prudish, but that does not entitle you – Aussprache *intaitl*, wichtiges Wort – that doesn't entitle you to tell me dirty stories all the time."

Dirty! Doosie, I'm fed up with it, ich habe die Nase voll davon, und ich gedenke, jetzt einmal deutsch mit Ihnen zu reden.

Komisch übrigens, daß "deutsch mit jemandem reden" gleichbedeutend mit absoluter Grobheit ist. You cannot "speak English" to someone if you want to be rude. Bitte das Wort "rude" merken, das gern bereit ist, dann und wann Ihr ewiges "impertinent" zu ersetzen.

Schon gut, Doosie, Ihr "impertinent" ist an sich nicht falsch, nur sagen Sie es mir zu oft. Ich warne Sie vor Verkalkung. Sprachverkalkung ist eine schwere, wenn auch pädagogisch bislang unerforschte Krankheit. Zum Beispiel:

"Ein Recht auf etwas haben", in English please. "To have a right to …"? Nicht falsch, aber vermutlich haben Sie sich eben ein für allemal darauf eingefahren. Typischer Verkalkungsfall. What about another word, for a change? I mentioned it two minutes ago. To be *entitled.*

Was das mit der "pronounced"-Sache zu tun hat?

Yes, I know. You need not tell me. I know that I am digressing-abschweifend, wobei Sie das "di-" wahlfrei *dai-* oder *di-* aussprechen dürfen. These digressions are partly due to – or because of, or thanks to, or on account of – Mrs Smith who served our coffee this morning. As you know, her coffee is "on the strong side", and strong coffee stimulates *dai-di-daigressions.*

To come to the point, I'll tell you the *pronounced* story because you don't seem to like my 173 sexual positions. But before doing so, I'm going to give you a piece of my mind, ich gedenke deutsch mit Ihnen zu reden.

Ich verbitte mir hiermit, von Ihnen auch nur noch ein einziges Mal zu hören – I wish to make it perfectly clear that I won't tolerate your calling me "obscene". I will not have it. It's preposterous (letzteres statt Ihres verkalkten "stupid" bzw. "ridiculous"). It's simply not fair of you to say this to the one man in the world who hasn't got the slightest chance of even touching you. It's outrageous.

("outrageous" – Aussprache: *schwer*; sagen Sie sicherheitshalber Ihr verkalktes "scandalous".)

I am in earnest. Since you can't see me, and I can't see you, we need a powerful medium of communication. Sex for instance.

Therefore, figuratively speaking – bildlich gesprochen, bitte merken – figuratively speaking, I want to go to bed with you.

"-- -- --"

You sound like a London telephone bell, "tringtring / tring-tring". It's more cheerful than the heavy German – – –, "tut, tut, tut" (kategorischer Imperativ von "tun"). Say it again.

"Ich möchte gerne –"

Gut. Reden Sie nur. No dentist keeps his fingers for ever in a patient's mouth. Sie möchten also gerne endlich die pronounced-Geschichte hören –

"Ich möchte gerne wissen …"

Ach so. Verständige Frage. A very sensible question indeed. I appreciate your interest. Verstehe vollkommen, daß Sie endlich etwas genaueren Bescheid darüber erhalten wollen, wo wir uns, abgesehen von besagtem Zahnarztstuhl, denn eigentlich befinden und wo und/oder was, where and/or what, dieser Gasthof von Mr and Mrs Smith eigentlich ist.

You haven't asked that question either? Very good. Please write here, *without looking back*, in good English: "wirklich eine sehr verständige Frage".

Bitte hier ausfüllen, fill in here:

Dazu erstens: Natürlich dürfen Sie "wirklich" mit Ihrem verkalkten "really" übersetzen, wenn Sie über mein "indeed" hinweggelesen haben. Zweitens: Ich wollte "sensible" von Ihnen haben, was keineswegs Ihr deutsches "sensibel" ist, sondern Ihr verkalktes "reasonable", also *vernünftig*.

Sorry, I am digressing. If I remember your question correctly, you wanted me to give you some details about our whereabouts, i. e. Mr and Mrs Smith's inn. As I said, this is a very sensible question indeed. Look here, Doosie, the thing is this –

– bitte "the thing is this" merken, wenn Sie mit etwas Peinlichem herausrücken. The thing is this:

Mr and Mrs Smith are a translation of the German "Schmidt". I translated their name because I had a feeling that you might prefer-vorziehen an "English atmosphere", at least in the beginning.

Herr und Frau Schmidt also, Besitzer des "Gasthofs zur Ausspanne". Letzterer mitten in einem sehr schönen Dorf in Niedersachsen.

I hope I haven't let you down – "let down" möge dann und wann Ihr richtiges, aber leicht verkalktes "disappoint" ersetzen. Ich hoffe also, Sie nicht allzusehr enttäuscht zu haben. You are not in England with me as you may have wished to be. Nor do I come from England or live in Germany. I'll explain that later, it's a bit complicated.

Woraus folgt, daß auch Alice, Herrn und Frau Schmidts Töchterlein, durchaus keine Alice in Wonderland ist, sondern eine ausgesprochen deutsche Alice, ausgesprochen-pronounced *Aliehßße*.

Don't be ironic, Doosie. It wasn't the "pronounced" story. Later.

Hätten Sie sonst noch eine Frage?

Aber natürlich, ich warte solange. To the left, then the last door to the right. Oder wollten Sie nur wissen, wie's auf englisch heißt? Antwort etwa:

1. Prüde beschönigend, weshalb oft amerikanisch: *bathroom*, amerikanische Aussprache *bäh-*, sonst *bah-*. 2. Besser, wenn auch etwas kontinentaltouristisch: *toilet*. 3. Völlig in Ordnung, weil keiner mehr an die ursprüngliche Umschreibung "Waschraum" denkt: *lavatory*, Betonung auf der ersten Silbe. 4. Im Verkehr mit Teenagern, wenn Sie "in" sein wollen: *loo*. 5. In der Türkei und auf Mallorca, sofern Sie englisch sprechen: *WC*, ausgesprochen "double you see", und falls man Ihnen dann Whisky serviert, bitte "WC" deutlich auf Zettel schreiben, nicht "water closet" sagen. 6. Für Feinschmecker: "the john", recht reizvoll en famille. 7. In Fällen wie dem vorliegenden, d. h. in Gasthöfen, Kneipen, Bahnhofshallen, sofern im englischen Sprachbereich

gelegen, ganz einfach das, was an der Türe steht: LADIES bzw. GENTS.

Ach so, Sie müssen wirklich? Dann ist's ja höchste Zeit, high time. Links raus, wie gesagt, und dann –

– wait a second, here is some writing paper, just in case. Bitte auf dem Weg zu jenem Orte dreimal wiederholen: "abschweifen" heißt *digress*, "Abschweifung" heißt *digression*, Aussprache *dai-di-dai*. Then, before washing your hands, please note: "Nach Einzahnungsgeräusch neue Rollenauslösung abwarten und bei Auslösung Handtuch vorsichtig ..." Do you remember? To tell you the truth, I found that text right here in the Gasthof, in the LADIES; there is no towel dispenser in the GENTS, so I usually go to the ... well, anyway, you'll now get that information "straight from the horse's mouth", bitte merken, "aus erster Quelle" – ach so, sorry, Sie sind schon weg. Sie sind sogar schon wieder hier. I must have been talking to you for quite some time while you were away.

"Wenn diese Smiths –"

Go on. Nothing is preventing you from completing your sentence.

"Wenn diese Smiths ... ich meine, wenn die nur Schmidt heißen –"

– nur?

"Na ja, ich meine Ihr Ha, das ist doch echt?"

Mein *Ha*?

"Ihr – your – I mean the last letter of your name. Ist doch echt?"

I see, you mean my *eitsch*, that Lansburg-h of mine, don't you?

"I mean you must be English or –"

– or a swindler; if that's what you mean.

"Well, I – ich dachte nur."

Bitte auf englisch.

"Well, I – I was wondering."

Good. To tell you the truth, my *eitsch* is not English at all. Nor is it Scotch like Edinburg-h (pronounced *Eddnbr*, more or less). By the way, always say "Scots", not "Scotch", when talking to the Scotch, pronouncing *skots*, not *skotsch*. They'll love you for it.

"You're *dai-di-daigressing*, my dear."

I am. Why not? Life is an endless number of digressions from what we should have said and done. In a sense (wichtig, sehr häufig: "in einem gewissen Sinne") – in a sense, you are a digression yourself, Doosie, and one which I hope will last for ever.

"Thank you."

You are welcome. Or, less American: Not at all.

"Your *eitsch* please."

Well, it's neither English nor Scotch as I said. Nor even Irish or Dutch. It's the worst you can think of, and I'm sorry I'm letting you down again: It's British.

?

Nothing is more tempting – nichts ist verführerischer als ein konkav-konvex geschwungenes Fragezeichen weiblichen Geschlechts. There will be a long answer to your question mark, but – bitte merken – "you have been asking for it", Sie haben's sich selber zuzuschreiben.

Let's have a new page for it.

As I said, my Lansburg-h-*eitsch* is British. Now, as you may possibly know, there is a hell of a difference – wörtlich: ein höllischer Unterschied; freier: ein himmelweiter – there is a hell of a difference between "English" and "British". For instance, one of the greatest novelists of the English language, a man by the name of Teodor Jósef Konrad Naleçz Korzeniowsky, later known as Joseph Conrad, was certainly no Englishman but a British subject. Nun bedeutet "subject" zwar nicht (verkommenes) Subjekt, sondern Staatsangehöriger, aber immerhin. Likewise, my great-grandfather, a German subject by the name of Lançzbrsžk or something like that, went from Caputh near Potsdam to Jamaica where, for the rest of his life, he exported no end of bananas and imported no end of money. On that island, which was *British*, his son, George A. Lançzbrsžk ("A." for "Apollo") became a "British subject by birth", and two weeks before getting married to a Jamaican beauty he anglicized his name. That's were the *eitsch* comes from. In fact, someone told me that George Apollo L., an the model of Pittsburgh, founded a banana town called Lansburgh, *pronounced* –

No, Doosie, it isn't the "pronounced" story.

Now this George Apollo L., my grandfather, died from parrot fever, Papageienusw., when my father was four, his beautiful Jamaican mother having left his father when he, my father, her only was three, so that my only father, then aged four or five, was brought back to Caputh, which was now near Berlin, pronounced *-línn*, and instead of exporting bananas and importing money produced *novels,* poor chap. (Achtung! "novels" sind keine Novellen, sondern *Romane*; "Novellen" sind etwa "short stories", was in diesem Zusammenhang allerdings den Kohl nicht fett macht.) In the end, poor chap, he was so poor that he had to move into a posh-flott Berlin house built by Schinkel, in order to persuade himself, einreden sich, that he was rich. So that's where I was born and where I went to school. I learnt Latin for nine years, Greek for six, French for three, and English for one.

My English teacher was Herr Oberstudienrat Dr. Siegfried Hottenrott, a little man with a *Schmiß* (untranslatable) who was later the Berlin *Gau*-something of the *NS-Lehrer-something* – I don't know exactly, I was no longer there, because Hitler didn't like my nose. Later, in the Bundesrepublik, Dr Hottenrott evidently became quite a big shot, "große Kanone", but again I don't know exactly because neither he nor anybody else helped me to return. Well, anyway and Dai-di-dai, one of the few things I *do* remember having learnt in Dr Hottenrott's English lessons is the pronunciation of *young*.

"Das Ypsilon in *young*", verkündete Dr. Hottenrott in schneidigem Preußisch-Prussian-*Praschn*, "das Ypsilon wird ausgesprochen wie in –"

– er machte auf dem Absatz kehrt und schrieb es deutlich an die Tafel: "wie in –

(beim Schluß-s brach die Kreide ab).

Wie bitte? Nein, war's immer noch nicht, die "pronounced"-Geschichte wird schon kommen.

Ach so, sorry, Sie fragten nur, wie Sie meinen Namen pronaunzen sollen, von wegen *eitsch*? I don't quite know myself. Ich würde an Ihrer Stelle einfach nur meinen Vornamen pronaunzen – "Werner", in case you have forgotten –, vorschlagsweise jedes zweite Mal auf englisch, übungshalber, for practice: "W–". Und zwar deshalb, weil das englische W bei geschlechtsreifen Deutschen, die nicht mehr unschuldig wie Kinder lernen, auf allerlei Komplexe stößt und dann gehemmt als *halbes* W, sprich V, herauskommt – wie in "Vagina". Nein, mein doppeltes Double-W ist "bilabial", "zweilippig", d. h. durch beide Lippen zu blasen, *both of them*, oben wie unten erwartungsvoll schwellend, vorzugsweise auch ein wenig feucht, auf jeden Fall nicht völlig trocken (it would hurt), eng aneinanderliegend und gleichwohl bereit, sich jederzeit zu öffnen, ready to open any moment, but even then *still tight* – eng bleiben! nicht krampfen! jetzt blasen! – so, versuch's mal.

"Ah-ah-ah-ow-ow-oo!"

Nein, noch nicht ganz richtig. Or are you merely protesting?

"Ah-ow-oo-ooh!"

Immer noch nicht ganz. Wissen Sie übrigens, von wem Sie Ihre herzzerreißenden Töne haben? Von Eliza, pronounced *ilais(a)*, more precisely Miss Eliza Doolittle, a girl who wanted to learn high-class English pronunciation and whose teacher, a certain Mr Higgins, did his best and loved her. Pygmalion, *pronounced* – well, I'll tell you tomorrow, you must be pretty tired by my Dai-di-dais.

P.S.

Do you think you can cope with – schaffen – a very quick one? O God, don't say I'm obscene again, you know perfectly well what I mean.

1. "Sie finden es *vielleicht* schwer" (bitte ohne Ihr verkalktes "perhaps"); 2. schaffen, "hinkriegen"; 3. die Nase voll haben; 4. "Sie haben sich das selber zuzuschreiben"; 5. die Sache ist die; 6. es steht mir zu (*schwer*, wurde heute von mir

etwas anders ausgedrückt); 7. "deutsch mit jemandem reden"; 8. unverschämt (bitte nicht Ihr verkalktes "impertinent", wenn's auch nicht falsch ist); 9. aus erster Quelle; 10. bildlich gesprochen; 11. Roman; 12. "W", Aussprache bitte, doppellippig, *blasen*, aber nur, wenn's Ihnen Spaß macht.

You may find it difficult to cope with these questions; in fact, you may be fed up with the whole thing. But you've been asking for it, my dear. The thing is this: I'm entitled to do what I like — to give you a piece of my mind, for instance, or even to be rude to you — as long as you are learning English straight from the horse's mouth, i.e. in your lover's bed or, figuratively speaking, in this novel.

So long

W

Sorry, my W is getting
a little out of hand and may
make you think of ...
well, it's all <u>your</u>
doing. Darling,
zieh Dich aus.

Pronounced

D. D.,

Here, then is the *pronounced* story. Please don't expect too much. It's about a play I have mentioned already –"Pygmalion", pronounced *pigmeiljn* (more or less), Betonung auf der zweiten Silbe, by Bernard Shaw –

> – wobei mir (Frau Schmidts Kaffee, sorry), wobei mir eine bekannte Shaw-Anekdote einfällt, bei der es sich um *brains,* Gehirn, Intelligenz, und *body*, Körper, handelt. No fear, it's all very harmless.
>
> Eine Hollywooder Brust- und Busengans, soeben in Long Beach, California, zu "Miss Universe" erkoren, machte Bernard Shaw, diesem sprichwörtlich dürren, hageren und weiß Gott nicht schönen Iren einen Heiratsantrag, a proposal, cabling (or telegraphing) this to him:
>
> "Just fancy what baby we'll have! Your brains and my body!"
>
> Shaw cabled back: "I'm afraid the poor creature may get my body, and your brains."

Anyway, "Pygmalion" is still very popular. Not only did the Americans make a musical out of it, *My Fair Lady*, but a film of that play is being made every fifth year or so. Last time it was a Hollywood film in color – American spelling of "colour" –

> – darf ich nochmals bitten, die Nase nicht über "amerikanisches" Englisch zu rümpfen. Die Endung -or ist reinstes und feinstes Latein. Der Gott der Liebe heißt z. B. Amor, nicht Amour. Schreiben Sie also ruhig,

wenn Sie wollen: humor, favor, honor. Wer auf "Amerikanisch" herabsieht und mit seinem "Queen's English" herumstolziert, dem ist immer noch nicht aufgegangen – well, he still hasn't realized that without the intervention of the United States during the last war, England would no longer exist, nor would his "Queen's English", nor probably he himself.

Now this latest Pygmalion film in color had cost millions of dollars –

Der Mann mit seinem "Queen's English" scheint beleidigt zu sein. Let's be fair to him. Let's admit-zugeben that there *is* a difference between British English and American English. But it is a difference in attitude, not in language. Figuratively speaking, an Englishman lives in a house his family has had for generations: he respects each piece of furniture because it is part of a tradition. An American, an the other hand, lives in a house he has taken over from that Englishman: he doesn't care a damn about the furniture but *uses* it. (And uses it well.)

Sorry about this interruption. As I was going to say, the latest "Pygmalion" film –

– wenn ich nicht was?

"Wenn Sie nur nicht immer so wild verallgemeinern wollten, mit Ihrem: *die Engländer* sind so und so, *die Amerikaner* sind …"

You are right, Doosie. But (a) I like generalizing, and (b) I can't help it, ich kann nicht anders, and you can't help it either: just try to say *cat* or *cow* without generalizing.

"Aber –"

OK, darling, let's agree on this: you get a sixty percent discount-Rabatt on all my generalizations, past, present and future, and an eighty percent discount on everything else I say. Will that do?

"It won't."

Good. As Johnny says, "In a good quarrel *both* are right". Or as I would put it – well, anyway and Daididai, I was going to say that the latest "Pygmalion" film had cost millions of dollars, so there was much publicity for it, *Werbung*. The film was actually quite a success, *Erfolg*, perhaps because of that publicity: in London, for instance, there were enormous posters, Riesenplakate, some twenty metres wide and about five metres high – and here, in London, the story begins. (Again, please don't expect too much.)

Herr Edwin and Frau Klara Klemm of Gütersloh, like many other tourists, walked across Piccadilly Circus one good (rainy) day. They passed our "Eros" without seeing it, but they did see one of those colossal posters saying, in enormous lettering:

PYGMALION – PRONOUNCED SUCCESS

Da schüttelt Herr Klemm resigniert den Kopf und sagt zu seiner Klara: "Diese englische Aussprache – nie wird man die lernen."

Ja, das wär's. That's that. Im übrigen wissen Sie wohl, daß Shaws "Pygmalion" gerade eine Satire über – nein, wir machen's uns etwas bequemer auf der Seite:

You probably know that Shaw's "Pygmalion" just happens to be a satire on English pronunciation – that very strange pronunciation which is not only different from English spelling-

Rechtschreibung but also very different in each and every social class.

> "The English have no respect for their language … They cannot spell it because they have nothing to spell it with … and it is impossible for an Englishman to open his mouth without making some other Englishman despise him."
> (From Shaw's preface-Vorwort to "Pygmalion".)

I have told you already a little about the plot-Handlung of "Pygmalion", and you probably know the rest: A professor of phonetics successfully teaches a low-class flower girl how to speak like a real lady –

– wobei mir einfällt, daß ich Ihnen nicht nur Vokabeln, sondern auch eine gute englische Aussprache beibringen sollte, obwohl Sie kein Londoner Blumenmädchen sind. Tun wir's also, die Sache läßt sich in weniger als einer Minute machen. Here we go:

Sie werden eine vorzügliche Aussprache haben, auf jeden Fall eine, die alle Engländer lieben werden, wenn Sie *nicht zu viel und nicht zu laut* sprechen.

"Dazu brauche ich Sie nicht. Das kann ich mir selber sagen."

Glänzende Idee. Bitte sagen Sie sich's selber.

"Oh you bastard!"

Indeed. And if you can spare another minute for improving your pronunciation, dann sagen Sie sich bitte auch noch folgendes:

Ihre Aussprache wird absolut perfekt sein, wenn Sie ein wenig von Ihrem deutschen Akzent beibehalten. Jeder Engländer – wie wohl jeder Mensch – spricht mit irgendeinem Akzent, weil er oder sie irgendwoher kommt. Und da möchten Engländer – wie wohl jeder Mensch – ganz gerne wissen, woher Sie eigentlich kommen. Das perfekte akzentlose Englisch, das in ebenso perfekten Schulen gelehrt wird, ist eine Papierblume: ohne Wurzeln, ohne Geruch.

You smell good, Doosie, I am sure. Don't lose that. Komm, laß mich mal riechen.

"No."

Na dann komme ich eben selber.

"I hate you."

Say that once more please, say "I hate you", but not so loud, and with a slight German accent.

"I HATE YOU!"

Leiser, Doosie, nicht *lauter!*

"…"

P.S.

Please translate: 1. Werbung; 2. Erfolg; 3. Rabatt; 4. Handlung (z. B. eines Romans); 5. "Wo haben Sie eigentlich Ihr Englisch her?"

Here are the translations right away: 1. publicity; 2. success; 3. discount; 4. plot; 5. …

– well, this is not my question but yours. I have a feeling that you have been asking that question ever since I told you about Dr Hottenrott and his "jut jedrillte Jungs". I keep hearing your voice, it's ringing in my ears:

"Where exactly did you get your English from?"

I may be mistaken, you may not have asked that question at all. Nor am I very keen on answering it, ich bin nicht sehr erpicht darauf – "to be keen on something", bitte merken. But there seems to be no way out of it now, and I had better tell you where I got my English from.

Answer, in two words: from Hitler.

Answer, in somewhat greater detail:

After Hitler had made me leave Germany because I was not only a German and a Christian but also the grandson of George Apollo L., a Jew, pronounced *dju*, sprich Jude – after that I was in many places. But "to cut a long story short" – bitte merken – to cut a long story short, I eventually, *schließlich*, had to live in a country where no English was spoken and where it was completely useless to learn the language of the natives-Eingeborenen: they spoke it much better themselves and for this reason did not give me any job, not even as an errand boy or *Laufbursche*. Nor was my German of any use to them: they had plenty of Nazis doing translation jobs for them, and at that time they liked the Nazis. Therefore, the one thing left to me was to work for foreigners living in that country. These foreigners were Englishmen and Americans. I liked them.

This is how I learnt (or learned) my English. As a matter of fact, I learnt it so thoroughly-*gründlich* that the inhabitants of that country eventually, *schließlich*, offered me a job as a translator, into English, of their tourist magazine called

Come to Sweden!

Indeed, Sweden is a lovely country. Do come as a tourist, but keep out of it if you are not. Wichtige Vokabel, bitte merken:

Keep out of …!

Weshalb ich eben jetzt bei Dir auf Ferien bin, im "Gasthof zur Ausspanne". Wieder zu Hause, as it were. Und wenn man auch hier zu Hause Leuten wie mir, und vielleicht auch Dir, vor einigen Jahrzehnten unendlich viel Schlimmeres angetan hat als je in jenem bleichen Lande ohne Eigenschaften, so – well, neither you nor I can afford, wichtiges Wort: können es uns nicht leisten -

– neither you nor I can afford to throw away our childhood, and our language. We may have wanted to get rid of it, and we may have tried hard. I have. In vain, vergebens. It's too bad, but it can't be helped.

But what I was really going to say is this:

If I have learnt my English in Sweden, of all countries, why in God's name shouldn't you be able to learn your English in Germany?

In the "Gasthof zur Ausspanne", for instance.

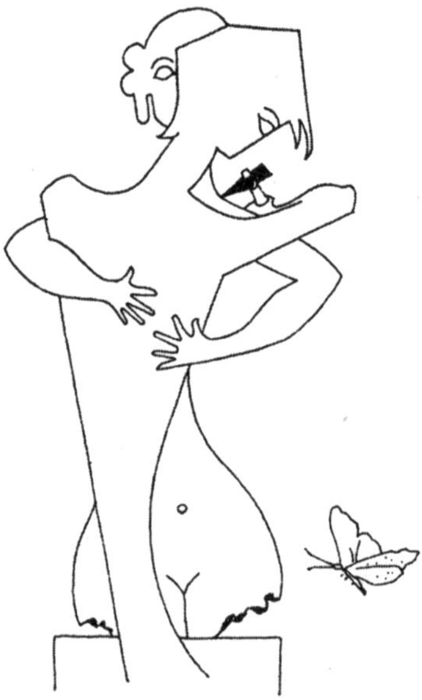

Pygmalion, Greek legend has it, so loved her that she came to life.

Im übrigen ist es wieder einmal sehr spät geworden, und dazu noch dieser schreckliche Lärm um uns herum. Das ist jeden Abend so: Unser jungfräuliches Frühstückszimmer verwandelt sich nach Sonnenuntergang langsam aber sicher, slowly but surely, in eine rauchigbierig-bratwurstige Gaststube voller Niedersachsen, um jeden Morgen wieder in alter frühlingshafter Kindheit aufzuerstehen.

Nimm's als ein Gleichnis.

Take it as a metaphor. Jeden Morgen wieder wirst Du da sein. There is a very old story about it. Pygmalion, the story says, was not only a teacher of English –

Positions

Good morning. You may have forgotten that there is still another story to be told. To be quite clear right from the outset (or: from the beginning), "positions" are "Stellungen" and as such a purely sexual affair. The idea of this story is (a) to find out how many positions are known to you, and (b) to choose the nicest position for the two of us.

O doch, dieses doppelt geklammerte (a) und (b) ist echt englisch, und zwar nicht nur geschrieben, sondern auch gesprochen. So könnten Sie zum Beispiel folgendes zu mir sagen, es klänge sogar sehr elegant:

"I am not interested in any position for the two of us because *ei* it's against all my moral principles, and *bi* I've got the curse." (curse, "Fluch", in this case: menstruation.)

Here is the story.

Two elderly men sitting in a pub over their third pint of beer were brushing up their memories of the good old days –

> Bitte übersetzen: "gute alte Zeit". Na eben, aufpassen, *days*, statt Denglish time-Zeit. Aufpassen ist wichtiger, als hinter meinem Rücken etwa "pint", pronounced *paint*, oder noch Ausgefalleneres nachzuschlagen. Will you please learn the things you know – das "Alte", das *Normale*. I know I have told you before, but I have to repeat it, it's important. As I said: diese beiden ältlichen Herren saßen also im Pub und frischten alte Erinnerungen auf –

– brushing up, I said, their memories of the good old days. "As a matter of fact", said the one, "I have written them down, all of them."

"By Jove!" exclaimed the other, "so have I." He flushed a little and asked: "How many have you got?"

Doosie, bitte niemals "by Jove!" ausrufen. Das tun nur ältliche Leute, insbesondere pensionierte Kolonialoffiziere.

"173."

"Strange", said the other, "I have only got 172."

"Have you got the ... position?" asked the one with the 173.

Sorry, I had to insert those dots here, i. e. the "...", because the man spoke in a whisper. I couldn't possibly hear it.

"Of course, I have", said the 172 one with a sneer, verächtlich, "that's number *four* with me!"

"Fine, very good", said 173, "but have you got the ... and then ..., you know?"

"That's number 23 with me, old chap", said 172 with another sneer, "I have done it a hundred times, the Singapore girls were particularly good at it, there is nothing like it in the U.K."

U.K., *ju kei*, United Kingdom; Sie können auch "Great Britain" sagen oder – etwas eingeborener – nur "Britain". Daß Sie zwar auf deutsch, viel seltener aber auf englisch "England" sagen dürfen, weil Ihnen da ein Schotte oder Ire auf den Hals kommen kann, das wissen Sie wohl schon.

Viel besser aber: Nennen Sie England *this country*. Es ist unter Engländern das weitaus üblichste, setzt allerdings voraus, daß man sich – wie Engländer zumeist – in "this country" befindet.

Am allerbesten aber: Versuchen Sie, eine Bezeichnung für jenes merkwürdige Land so weit wie möglich zu vermeiden. Man weiß dort nämlich selber kaum, wie man eigentlich heißt, und läßt deshalb den Namen möglichst weg, z. B. auf den Briefmarken des Landes. Wetten? I'll bet you one thousand pounds ("British" pounds? "English" pounds? They don't exist) – I'll bet you one thousand pounds sterling that you'll find no name an those mysterious stamps.

"Now", said 173, "I think I know: what you haven't got is the – well, the … with the …, I mean the *roundabout* one."

"Roundabout" ist meines Wissens "Karussell", letzteres zuweilen auch "merry-go-round" genannt. Die Stellung selber ist mir unbekannt.

"The Roundabout?!" The 172 man poo-poohed. "Haha", he laughed, "that's routine, it's about No. 60 in my list, somewhere in the neighbourhood of 69."

Schade, daß er "routine" sagte, denn "commonplace", Gemeinplatz, wäre eine nützlichere Vokabel für Sie gewesen. Aber er sagte es nun einmal nicht.

Darf ich Sie bitten, einen Bleistift zu nehmen und die englische Verkürzung von "number", deutsch "Nr.", hier an den Rand zu kritzeln, ohne heraufzuschauen? Thank you. (Learning the things you "know" – well, I won't start again.)
(It's "No.", honey.)

"Good heavens", exclaimed 173, "We'll never find the one you haven't got."

"I guess we'll have to go through the whole damned lot", said 172, "right from the beginning."

"All right, let's have a look at it", said 173. He put on his glasses to read his list –

– nein, Doosie, nicht unterbrechen jetzt. Na schön, ganz schnell: Sie dürfen statt "glasses" auch "spectacles" sagen, obwohl letzteres zusehends veraltet und außerdem von gewissen Sprachsoziologen als "non-U" angesehen wird, Kleine-Leute-English ("U" = upper class, "non-U" das Gegenteil), aber wir können jetzt wirklich nicht, Doosie, ich hab' ja auch keine Ahnung, ob dieser 173iger ein Ober-, Mittel- oder Unterklassler war –

– as I said, 173 put on his glasses and started reading from his list, right from the beginning:

"First", he read, "there is, of course, the *normal* position."

"By Jove!" exclaimed 172, "I forgot that one."

Na, hab ich's Ihnen nicht gesagt? Will you, PLEASE, learn the things you KNOW – das "Alte", das *Normale*. Answer me: will you, or will you not?

"Ich mach's ja schon die ganze Zeit."

By Jove! You *are* good at it, darling.

P.S. or no P.S.? I don't feel like examining you today. Mir ist einfach nicht danach. I am pretty sure you won't mind.

Thinking of those 173 positions, another few positions crossed my mind, kamen mir in den Sinn, oder: occurred to me, struck me, hit me, suggested themselves – anyway, here they are.

Position "Blanket"

As you may see from the heading – or, slightly "Denglish", from the "title" – this is the Position of the blanket or *Bettdecke*.

As long as two people are in love, they (a) sleep in one bed and, more important, (b) they are considerate, rücksichtsvoll. Aus diesem und keinem anderen Grund blieb die Bettdecke (blanket) zerknüllt zwischen Patricia und mir liegen, die ganze Nacht hindurch, wir froren beide: She wanted *me* to have the blanket and I wanted *her* to have it, or a good half at least. The result was pitiful, *erbärmlich*: a crumpled blanket between her and me.

I knew that this problem could easily be solved. There was a simple way out, but it was delicate politically: I was somewhat an the conservative side, while Patricia believed in Marx and Engels. I was afraid to tell her.

Eines Nachts aber nahm ich mir ein Herz:

"Patricia darling", I said, "let's adopt the capitalist system: let's be as selfish as possible, each of us trying to get as much of the blanket as we can."

Jeder zieht also die Decke so rücksichtslos an sich wie nur irgend möglich – as ruthlessly (Denglish: brutally) as if you were a Texas oil tycoon. The result: everybody is happy, two human beings are nicely "tucked in", eingemummelt, und die Bettdecke ist herrlich gespannt.

Technically, this worked fine. But politically, Patricia didn't seem to like the system. After a few nights spent under a warm blanket, the bed was empty. Patricia had disappeared with a red-bearded anarchist.

Position John Donne

I'm sure you have heard of him. John Donne, 1572–1631 (pronounced *Dann* or *Donn*), is one of the great English poets. Here are extracts from his *Going to Bed*. (The dots or "…" are mine.)

> Come, Madam, come …
> Off with that girdle …
> Unpin that spangled breastplate which you wear …
> Unlace your self …
> Now off with those shooes …

Licence my roaving hands, and let them go,
Before, behind, between, above, below …

"Laß meine Hände schweifen, laß sie gehn …": the prepositions in the last line are important. Most people learn them in another way. Here is the text of a German-English schoolbook:

> The cat was sitting BEHIND the chair. Then it moved BETWEEN the legs of the chair and looked at the lamp ABOVE and at the carpet BELOW.

I should add that this schoolbook has an illustration of the cat, in four colours. Modern language teaching is colourful.

Position Nil

This is position nil or naught or nothing. The story is a little melancholic, Doosie. I hope you don't mind.

Once upon a time there was … "Es war einmal …", Märchenanfang.

Once upon a time there was a cake, ein Kuchen, on a table. Under the table, on the floor, there was a little grain of sugar, ein Zuckerkörnchen. Es lag auf dem Boden, wie gesagt.

After an hour or two the little grain of sugar was taken away by a vacuum cleaner, Staubsauger, because it was dirt, Schmutz.

When in the vacuum cleaner's bag, among much other dust and dirt, the little grain of sugar was a little sad.

"Nobody would call me *dirt*", it thought, "if I had been in the cake."

(Must I explain? Listen, Doosie:)

Position Number One

Just take the London underground. There are "Untergrundbahnen" elsewhere, but take the London one, please.

Then, please, leave the underground at any station where there is a lift – one of those big lifts, Aufzüge, which take fifty or sixty people.

Take that lift at rush hours when millions of people are in a rush to get home.

You will see that the lift will not be closed until it is brimful – erst dann geschlossen wird, wenn er proppenvoll ist. You will also see that many people have been left outside, waiting for the next lift.

Now – please inspect your position inside the lift. Haben Sie bemerkt, daß ein kleines, winzig kleines Luftkissen Sie umgibt? Nobody is touching you, niemand berührt Sie. Sehen Sie sich um: Dasselbe kleine, winzig kleine Luftkissen um alle Leute im Aufzug, alle.

This is Position Number One. It is the most important of all positions.

It is the position people have in a civilized country.

Some countries have not always been civilized.

Good night, Doosie. God bless your country.

There is a country that has no name, not even an its stamps. But it has something no other country has.

Butter Rations

Dear Doosie,
I have been dreaming of you tonight. We were having *Frühstück* in an idyllic village. In Worpswede, of all places. I had returned to Germany. From Sweden, of all countries. After so many years.

Frau Schmidt was serving us coffee in a lovely old inn. I looked at you and said: "This is a dream."

You looked at me and smiled.

"I love you", I said.

"Dummes Zeug", you said, "das nehme ich Ihnen ebensowenig ab wie zum Beispiel die Geschichte mit dem Nescafé."

I woke up.

Na schön, dann also nicht. Nothing doing, lassen wir das mit dem Nescafé. Let's talk about more important things. If you don't believe me – wenn Sie mir nicht glauben, daß ich vermutlich ein ganzes Inselreich mit Pulverkaffee verseucht habe, so müssen Sie mir schon glauben, you simply must believe me that I have made up for it (made good, compensated): Ich habe London von der größten Heimsuchung befreit, die diese Stadt seit Jahrhunderten erlebt hat. Once more, to be quite clear: I have liberated London from the greatest ordeal, *ordí*-al, this town has gone through for centuries. Das ist historisch belegt, daran können Sie nichts ändern. Nor can I.

Es handelt sich um die V2. Perhaps you remember. "V" stands, or at least stood, for Hitler's *Vergeltungswaffe*, and "2" for the worst kind of it, number Two – the one that kept crashing down over London day and night, bombing and killing at random – *at random*, wichtig: aufs Geratewohl; in diesem Fall wohl besser: blindlings –

– at random killing women and children. (Obwohl ich eigentlich nicht recht verstehe, warum derlei Bomben immer nur “Frauen und Kinder” treffen müssen, wir Männer sind ja schließlich auch noch da. Well, never mind.)

Von dieser fürchterlichen V2 also, von dieser Wernher von Braunschen random-Raketenhölle, habe ich beweislich die häßlichste und schönste Stadt der Welt befreit, the world's ugliest and finest city.

Ja, ich. Zugegeben, admittedly, es hätte auch jemand anders sein können, *anyone*, irgend jemand. Eisenhower zum Beispiel oder Churchill oder Bruno – well, anyway, it was me.

This is how it happened.

Bruno read the Austrian newspapers, and I read the German press. We did not actually-eigentlich “read” those papers: we “digested” them.

“Digest” – schwer zu übersetzen, bedeutet eigentlich “verdauen”, ist aber hier im übertragenen Sinne zu verstehen, in the figurative sense. Kennen Sie die amerikanische Zeitschrift *Reader's Digest*? Die macht das. Man “verdaut” dort allerlei woanders Gedrucktes, streicht es zusammen, “boils it down”, und speit es dann laut offiziellem deutschem Titel als *Das Beste* wieder aus.

Bruno z. B. verdaute bzw. erbrach “Das Beste” aus Hitlers *Völkischem Beobachter*, Wiener Ausgabe, während ich dasselbe mit der Berliner oder Reichsausgabe tat, which, as I saw it, meant a higher status. In addition, there was the local press: Hamburg, Frankfurt, Munich etc. for me, and places like Graz and Kitzbühel for Bruno.

Es war Krieg, World War II, wir trugen unser Scherflein zum “psychological warfare” bei und führten das von uns Verdaute getreulich nach London ab, Ministry of Information. By pouch, d. h. per Diplomatenpost, in very important cases by code, d. h. in Chiffren. Man nennt das “public intelligence”, ein Spionieren aus öffentlich zugänglichen und somit ziemlich zuverlässigen Quellen. Dies im Gegensatz zum "Secret Service", einer aus allen möglichen Quellen schöpfenden, um so unzuverlässigeren und daher strengstens geheimzuhaltenden Tätigkeit. ("Top secrets", we used to say, "are things that can be told to everyone excepting the one who told you.")

Of course, we didn't digest that stuff in Britain. The Germans were no fools: they would not send their newspapers to London, for public intelligence. But they did send them to neutral-*njuhtrl* Sweden.

This was in fact the reason why we were there. We subscribed *to* – bitte merken: abonnieren *auf* –, we subscribed to all possible German papers, to be sent to Herr Sven Johansson, 59, Strandvägen, Stockholm, Sweden. Sven Johansson, of course, did not exist, and "59, Strandvägen" was, as everybody knew, the address of the British Embassy or *Botschaft*.

Man hätte wirklich etwas vorsichtiger sein sollen, a little more cautious, for the Germans could easily have smelt a rat – Lunte gerochen haben. Typisch englische Schlamperei, für die es ein typisch englisches Wort gibt: *to muddle through*, durchwursteln. Na, nichts mehr zu machen, the Nazis never found out anyway.

Welche Dinge wir da aus diesen Zeitungen nach London rapportierten? Well, everything we came across: the latest Nazi propaganda slogans such as "Stalingrad wird fallen!", Gauleiter speeches against "Volksverräter" and "Rassenschande", notdürftig als "People's Traitors" and "Race Shame" übersetzt (Denglish) –

> Doosie: Was heißt "wie etwa", "wie zum Beispiel"? Sollten Sie sich auf ein "as for instance" oder (falsch) "like for example" eingefahren haben, bitte den vorigen Absatz noch einmal lesen: zwei kleine Wörter zwischen "slogans" und "Stalingrad".

I flattered myself, ich schmeichelte mir, that I was particularly good at reading "between the lines", zwischen den Zeilen: in doing so I discovered interesting "trends" *such as* a growing Opposition in Germany, a feeling of frustration at the fronts, possible antagonisms in the Nazi party and so on. Here, I felt, I was at my best, and I was very proud of it – "proud *of*", stolz *auf*.

Aber gerade das wurde mir vorgeworfen. Ich läse zuviel zwischen den Zeilen, a little too much – so Sir Harold, the Ambassador, der Botschafter. Es sei ja gar nicht falsch, an sich, in itself, sogar sehr interessant, most interesting, aber –

In short, Sir Harold felt – "fühlte, meinte" (understatement; deutsch: wetterte) – Sir Harold felt that perhaps a little bit –

> vielleicht ein kleines bißchen; deutsch: unbedingt und überhaupt

– that perhaps a few more *facts*, something just a little bit more *concrete*, might perhaps –

> könnte vielleicht; deutsch: müßte absolut

– "well", said Sir Harold, "I may be wrong of course –"

> ich mag mich irren; deutsch: da dulde ich keinen Widerspruch.

Sir Harold cleared his throat, er räusperte sich. "Are not your reports", he suggested –

> legte er nahe; deutsch: donnerte er. (Nun gut, ich weiß: auch Deutsch ist in letzter Zeit etwas freundlicher geworden.)

"Are not your reports just a little bit on the sophisticated side –"

Aha, da kam's. Das fehlte mir gerade noch. Doosie: bitte *sophisticated* merken. Schwer zu übersetzen; "hochintellektuell" etwa, recht oft auch (und so hier) "hochgestochen, überspitzt".

"I mean to say a little too intellectual, a little too academic perhaps –"

Na, dann hätte ich's Ihnen ja nicht erst zu erklären brauchen. Offenbar fürchtete Sir Harold, ich verstände "sophisticated" nicht, da ich damals noch – well, I was young then, and still very continental.

"Take Bruno, for instance", Sir Harold went on. Könne ich mir nicht zum Beispiel, for instance, ein Beispiel, an example, an meinem Kollegen Bruno nehmen? Bruno's reports, it seemed to him, were "perhaps a little more … er … ahm … sort of *factual*, I mean *down-to-earth* and *realistic*".

I was deeply hurt, zutiefst gekränkt. Continental intellectuals (I thought I was one) are often deeply hurt. The English call it *touchy*, überempfindlich.

Sir Harold versuchte einzulenken, he tried to smooth over:

True, gewiß, er sähe das schon ein, ich sei Bruno in jeder Hinsicht überlegen, *intellectually*. "On the other hand …" (ich habe die "andere Hand" von Vorgesetzten nie besonders gern) –

Doosie, was heißt "andererseits" auf englisch?

"On the other hand", Sir Harold said, „ a little less intelligence would do no harm", könnte nicht schaden. Sir Harold explained: "Bruno, for instance, seldom reports 'trends' and 'things between the lines' but *facts*, I mean *concrete* stuff such as … such as fire alarms, and obituaries, and so on, you see?"

Nun ja, ich sah. ("obituaries" übrigens: Todesanzeigen; und "Bruno", ich hätte das schon lange sagen sollen: Bruno Kreisky, später österreichischer Bundeskanzler.)

Sir Harold seemed to have finished. "I mustn't keep you", he said and rose to his feet.

> Doosie, wichtige Wendung: "I mustn't keep you", ich darf Sie nicht aufhalten. Auf deutsch: "Machen Sie, daß Sie rauskommen."

Ich machte. I was mad with rage, *Wut*. "A little less intelligence!" One of those naive Englishmen had dared, hatte sich erdreistet, to teach a Central European.

I returned to my office – room No. 27, British Embassy, Stockholm, Sweden. Ich zerrte die Schreibmaschine an mich heran und griff zu irgendeiner deutschen Zeitung, just *anyone*, die gerade zuoberst lag. Ich habe keine Ahnung mehr, was das für ein Lokalblättchen war. I was beside myself, außer mir.

Den Leitartikel, *editorial*, las ich erst gar nicht. Nor did I read the news or the local Nazi speeches. Todesanzeigen, obituaries? Nein, die kann dieser Bruno haben. Feueralarme? Dito. Gemeindeamtliche Verlautbarungen? Na schön, von mir aus, hier zum Beispiel: *Butterkarten* – da kann mir keiner mit "sophisticated" kommen. It's "concrete stuff, down-to-earth, realistic". Reinster Blödsinn natürlich, aber wenn es die Herren so wollen … Ich tippte mit zwei fiebrigen Fingern:

Municipal notice, Island of Usedom, little village called Peenemuende. Kreisleiter announces that butter rations increased by 10 percent, and that new butter cards for 237 "Zugezogene" now available at NS Kreisleitung, Adolf Hitler Straße 18 a.

"That's that", sagte ich zu mir in meinem besten Englisch. Dann stellte ich die Schreibmaschine auf Rotband um und hämmerte aus purem Daffke, wie man einst bei uns in Berlin sagte, ein wütendes

URGENT. PRIORITY. CODE.

Code! Dechiffrieren sollen Sie den Quatsch auch noch, diesen Blödsinn mit 237 neuen Butterkarten in Posemuckel-Peenemünde. Geschieht ihnen recht, murmelte ich, it serves them right – it serves them bloody well right. They have asked for it. Das kommt davon, wenn man einen Mann wie mich …

Ja, das etwa war's. Keiner hat je über meinen cholerischen Butterkartenblödsinn geklagt, nobody ever complained, and five days later some fifty British aeroplanes bombed a "little village called Peenemuende" on the island of Usedom. Damit war's aus mit Butter-Sonderkarten, aus mit einer Raketenbasis, aus mit der V2. Auf immer, for good. ("for good", ohne jedes Werturteil, bedeutet lediglich "auf immer".) The Battle of London was over. Eight million people could live in peace.

This, then, is the result of using "a little less intelligence", to quote Sir Harold. Wenn ich da an den Bruno denke, wie weit der's in diesem Sinne gebracht hat …

But we saved London, Doosie.

P.S.

1. Speaking of (or: apropos of) – speaking of Sweden and a village called Worpswede: Bitte übersetzen Sie "ausgerechnet aus Schweden", "ausgerechnet in Worpswede". It's not easy. You may look back. You'll find it in the first paragraph, *Absatz*, of today's story.

2. Speaking of newspapers: Bitte "abonnieren", und zwar *auf* etwas – übungshalber bitte auch einen Zeitungs- oder Zeitschriftennamen hinzufügen. Just choose any newspaper or magazine you like, even "Reader's Digest" if you insist. Personally I would recommend the *Observer*, a liberal Sunday paper which can be compared to the German "Die Zeit". Or take *Time* which looks more or less like "Der Spiegel". If you want

something like the "Frankfurter Allgemeine", take the *Guardian*. I should also mention *The Times*, Britain's most "official" newspaper, and the impressive *New York Times* with its famous motto an the first page: "All the news that's fit to print." Or do you prefer *Playboy*? Anyway, "abonnieren auf ..." bitte.

3. Speaking of the British Embassy: Bitte um die Quintessenz englischer Lebensweise, nämlich das Wort *durchwursteln*. It's the art of improvisation. For instance, there is the well-known saying that in all wars Britain has lost every battle, jede Schlacht – except the last. In other words, it's very British to ... nun, bitte *durchwursteln*.

4. Speaking of continental intellectuals: Bitte um ein sehr häufiges Wort, das sowohl "hochintellektuell, raffiniert" als auch "allzu intellektuell, überspitzt" bedeuten kann. Weiter bitte: "überempfindlich".

5. Speaking of the V2: I want to tell you a story. But first answer my questions, please.

1. from Sweden, of all countries; in Worpswede, of all places.

2. to subscribe to ... und statt dieser Pünktchen bitte die ungefähren englischen Gegenstücke folgender deutscher Organe: Die Zeit, der Spiegel, Frankfurter Allgemeine. Thank you.

3. to muddle through.

4. sophisticated; touchy.

5. "Wo wir gerade von der V2 sprechen", will ich Ihnen, wie gesagt, eine Geschichte erzählen. Aber bitte erst einmal das heute fünfmal hintereinander vorgekommene "Wo wir gerade von ... sprechen", auf englisch bitte.

Speaking of—

Es war nicht sehr lange nach Peenemünde. The V2 bomb was no more. It was V-E Day, "V-E" for "Victory in Europe".

Johnny and I went home to hear the official BBC broadcast on Nazi Germany's capitulation.

Dr. Liebermann, a Jewish refugee from Berlin, was with us. He was an elderly man, about fifty-five. He had earlier been a university professor and was a "nobody" now.

We went to Johnny's place. He had three gorgeous easy chairs, so each of us was comfortably seated, waiting for the news.

"This is the British Broadcasting Corporation ..."

There was a statement by His Majesty, and one by Mr Churchill. At the end, there was the national anthem (Nationalhymne).

"God save our gracious king ..."

We rose from our seats: Johnny, the Londoner, Dr. Liebermann, the Berliner, and I, a "British subject". Wir standen sehr still.

Nobody said a word. There may have been tears, Tränen, in Johnny's eyes, but I didn't know, I did not look at him. There may have been tears in mine, but Johnny didn't know, he did not look at me. Yet both of us heard some sobbing, ein Schluchzen. From old Dr. Liebermann.

Dann waren wir wieder auf der Straße, Dr. Liebermann und ich.

"Ich muß mich sehr entschuldigen", sagte Dr. Liebermann, "I must apologize. It must have been embarrassing, *peinlich*, for Mr Harrison and you." Er sah mich an.

"Es war diese Melodie, wissen Sie", sagte er zaghaft. "Sie sind viel jünger als ich, aber bei mir –"

Er stockte.

"– bei mir waren eben auch die Kindheitsjahre mit dabei. Sie wissen das vielleicht nicht mehr, aber 'God save the King', das ist dieselbe Melodie wie – nun, wie in der Kinderzeit, wo ..."

Er konnte nicht weitersprechen. Wehrlos sah er mich aus seiner dicken Brille an. (Auf Englisch etwa: "With such a wistful eye.")

"It's perfectly ridiculous, vollkommen lächerlich", he said, "es ist grotesk, an einem Tag wie diesem an einen säbelrasselnden Kaiser zu denken und an ein idiotisches 'Heil dir im Siegerkranz' …"

Er lachte plötzlich. Ein Regenbogen stand über seinem Gesicht, zwischen Tränen und Lachen.

"Aber jeder hat eben so seine Kindheit", sagte er leise.

"Ja, Doktor Liebermann", sagte ich leise.

I never saw a man who looked
With such a wistful eye
Upon that little tent of blue
Which prisoners call the sky.

Oscar Wilde
The Ballad of Reading Gaol

The Podger

Dear Doosie,
Sie waren sehr aufmerksam. You have been a good listener. You have noticed things that may have escaped many others. Ich möchte Ihnen dieses Kompliment auch auf deutsch machen: Sie haben da ein paar Dinge gemerkt, die vielen anderen entgangen sein mögen.

Meeting you under the Eros in Piccadilly Circus. Seeing you again, here and now, in a country that was my home. "Jeder hat eben so seine Kindheit."

Vielleicht wäre es besser gewesen, wenn Sie darüber hinweggelesen hätten, denn derlei Dinge können unserem Schüler-Lehrer-Verhältnis abträglich sein: Meine Autorität als Ihr garantiert kompetenter Englischlehrer könnte darunter leiden, und das läge nicht in Ihrem Interesse, to say nothing of, ganz zu schweigen von, my own interest.

Und da frage ich mich: Shall I make things worse by telling you the "Podger" story? Oder soll ich lieber wie die Katze um den heißen Brei herumschleichen, beat about the bush?

Selbstentkleidungen sind riskant, *risky*. Es gibt da ein bekanntes englisches Sprichwort: Familiarity breeds contempt. Frei übersetzt: Auf Vertrauensselige sieht man herab. Bitte wiederholen: "Fami–… …"

On the other hand, we have been together for quite some time. It's several weeks ago that I left Sweden, to meet you. As soon as I entered the *Gasthof* you were there. You are still here, up to this day, up to this page. You did not drop out – "wegtropfen": sich verziehen. You were sympathetic.

Kleine Zwischenlektion: *sympathetic* bedeutet "einfühlend", "nachvollziehend", nicht das deutsche "sympathisch". Letzteres auf englisch: nice, charming, likable … je nachdem. Aber bitte nun nicht Wörterbücher gegen mich wälzen, die das englische "sympathetic" mit dem deutschen "sympathisch" und das deutsche "sympathisch" mit dem englischen "sympathetic" übersetzen. Das ist Denglish.

Noch etwas: "page" ist "Seite"; das kam vorhin in einem sehr persönlichen Zusammenhang vor, ich wollte es dort nicht übersetzen. (Familiarity breeds contempt.) Weiter: Was heißt "wie die Katze um den heißen Brei herumgehen"? Kam gleichfalls oben vor. Na schön, noch einmal: to beat about the bush.

You *were* sympathetic, Doosie. Correct me if I am wrong. (Bitte auch letztere Redensart merken.) Und somit riskiere ich hiermit die Entkleidungsszene und erzähle Ihnen die Geschichte vom Podger.

Es war in Oxford, a few years ago. Ich leitete, I was in charge of, an English conversation course for foreign students. My students were all Swedes, and there was a reason for it.

As you know, I have been living in Sweden for many years. You also know that I try to get out of that country as often as possible, and in that year I managed to go to Oxford for some weeks. But since I came from Sweden it was only natural that I had to instruct Swedes, whether I liked it or not. I tried to like it.

The course was called "Advanced Conversation"; erstens also "fortgeschritten", which was no problem, zweitens aber "Konversation", which *was* a problem. Denn vielleicht haben Sie schon einmal davon gehört: Die Schweden sind recht stille Leute. In my Conversation Course, for instance, they didn't say a word. Weshalb es wohl kein Zufall ist, daß das englische Wort *Swedes* nicht nur die Einwohner jenes stillen Landes, sondern auch eine besonders schweigsame Rübenart bezeichnet.

Dazu kam, daß meine Schweden bis auf eine Ausnahme Schwedinnen waren. Sie sahen, wie in jenem Lande üblich, durchweg sehr gut aus und zogen es deshalb vor, ihre Figur für sich selbst sprechen zu lassen und von zusätzlichen Äußerungen abzusehen. It was simply hopeless to try to make them utter one single word.

"This is a *conversation* course", fuhr ich sie mehr als einmal (beherrscht) an, "you *must* talk."

"But – but –" wandte eine meiner schwedischen Albinos ein und errötete mit allem Blut, das ihr zur Verfügung stand:

"– but we don't talk in Swedish either ..."

Auch nicht.

Sollte ich ihnen Schweigen auf englisch beibringen? "Speech is silver, silence is golden" is as true in English as it is in German, but my Conversation Course consisted of twenty hours and the organizers of the course, I feared, might one day examine the output of the tape recorder, Tonbandgerät, which they had placed in the classroom.

Als nichts half, ließ ich meine Schweden Gedrucktes ins Englische übersetzen, laut, only to make them talk. Zuerst die ihnen vertraute, familiar, Messerszene aus Strindbergs *Fröken Julie*, mit Rollenverteilung: Jean, der Schuft, war mein einer männlicher Schüler, Frl. Julie bei jedem zweiten Satz eine andere; aber das ging nicht, it didn't work, alle Fräulein J. brachten keinen Ton heraus, wie daheim. Strindberg is still ahead of his time.

Nun gut, dann eben *Svenska Dagbladet*, a Swedish newspaper of which I had a back number, eine alte Nummer, because I had wrapped my shoes in it when packing my suitcase in Sweden.

Zuerst der Leitartikel, *editorial* (hatten wir schon einmal: Peenemünde). So ein Leitartikel ist zwar etwas kompliziert, which is the reason why editorials are never read, aber es war ja schließlich English Conversation, *Advanced*.

Yet this didn't work either, man kam über ein "The ... the ..." nicht hinaus, was allerdings bei schwedischen Schülern schon eine gewisse Leistung ist, something of an achievement, da der bestimmte Artikel in ihrer Sprache fehlt.

Ich klammerte mich an *Svenska Dagbladet* wie an einem Strohhalm fest – in English, too, you can clutch at a straw. In absteigender Linie, an a declining scale – "decrescendo" oder "diminuendo" tut's auch (Fremdwortmethode) – versuchte ich es mit Nachrichten, *news*, Sozietätsspalten, *gossip columns*, kleinen Anzeigen, *classified advertisements*, Wetterprognosen, *weather forecasts*, Todesanzeigen, *obituaries* (hatten wir auch schon in Peenemünde), schwedischen Kochrezepten, *recipes* – letztere sehr einfach zu übersetzen, da schwedische Mahlzeiten zumeist aus Milch, Mehl und ein bißchen Gehacktem bestehen: milk, flour and some minced stuff –, aber nichts half, sofern man von einem immer fließender werdenden "The ... the ..." absieht.

Advanced or not Advanced – ich griff zu Kinderspielen, children's games (nicht "plays"), und zwar zu einer Art, kind of, englisch-schwedischer Reim-Variante von "Was bringt die Zeitung": Taschentuchwerfen quer über den langen Kurs-Tisch. But in vain, vergeblich: die Phantasie, *imagination*, versagte, da die Schweden nicht nur stumm sind, sondern auch grundehrlich, honest-to-God: Wenn ein "house", eine "mouse" oder – es mußte sich ja reimen – ein "spouse", "louse", "grouse" (Ehemann, Laus, Waldhuhn) nicht leibhaftig vor ihnen stehen, dann können sie's nun einmal nicht über die Lippen bringen.

Es war zum Verzweifeln, it drove me to distraction. Bis es zum Hocker kam. Er löste dem ganzen Kurs die Zunge.

Der Hocker kam so:

Ich hatte als letzten Ausweg vorgeschlagen, jeder Schüler möge bitte auf englisch eine kleine Begebenheit berichten, die sich heute *wirklich*, actually, zugetragen habe. Auch wenn diese Begebenheit – event, occurrence, incident – noch so trivial sei: Essen zum Beispiel, oder Trinken, oder Uhr aufziehen, oder Schweigen.

This seemed to work. One of my girls reported, wenn auch zaudernd, that she had "eaten an egg to breakfast", was ich überlegen zu einem "*had* an egg *for* breakfast" berichtigen durfte. (Selbst ein Menschenfresser würde auf englisch – even a cannibal would not go around saying that he had "eaten" a Swedish girl; he would say that he had "had" one. Soviel Sprachkultur kann man schon von ihm erwarten, at least from a cannibal living in one of the former British colonies.)

Another girl informed us that she had in fact "wound up her clock this morning", wobei ich "clock" mit echtem Lehrerstolz zu "watch" berichtigte, da es sich doch wohl kaum um eine Standuhr, eine "grandfather clock", handele. Das junge Mädchen zauderte, hesitated, sie schien nachzudenken: they *had* a grandfather clock at home, she used to wind it up every morning, but not here, not in Oxford. "Yes", she said, "it was a watch." Sie wirkte dankbar. She had learnt something in Oxford.

Dann kam eine Brünette an die Reihe. "This morning", said the brunette, "I bought a sweet little … a sweet little … a …" Sie stockte, sah mich an und fragte: "What is *Pall* in English?"

Pall, schwedisch, ist auf deutsch "Hocker" oder "Schemel", und auf englisch –

– ich wußte es nicht.

Dies nicht zu wissen, geht für einen Lehrer der englischen Sprache nicht an, vor allem nicht for a teacher at an Advanced Conversation Course, Oxford. Woher dieser Mann auch kommen mag, und seien es die Hebriden: he must be a native – ein Eingeborener muß er schon sein. Now, a native can best be defined as a person – als ein Individuum, das zu Hause bei Muttern ein Ding gesehen hat, das zwar einem schwedischen

Pall bzw. einem deutschen *Hocker* durchaus entspricht, für ihn aber ein für alle Male auf englisch "—-" heißt.

Of course, I was a native. But not an English one. Ich hatte bei Muttern einen *Hocker*, d. h. eine Sitzgelegenheit dieses und keines anderen Namens erblickt.

Ein Geständnis wäre verfehlt gewesen. Familiarity breeds contempt. Es ging einfach nicht, es würde meine Glaubwürdigkeit (credibility; in diesem Fall wohl besser: authority) – it would have undermined-untergraben my authority as a teacher, ja es würde womöglich mein *** enthüllen (Place of Birth, "Geburtsort", as indicated in my British passport), wenn ich das englische Wort für einen hundsgemeinen *Pall*, Hocker, Schemel nicht augenblicklich, instantly –

"Stool"? *Stool* spukte es in meinem Kopf herum, aber das war ja lächerlich, da geisterte doch nur ein verfluchter deutscher, krampfhaft verenglischter *Stuhl* aus *** (Place of Birth) in einem desperaten Berliner Emigrantenhirn herum.

Twenty eyes were directed towards me, schweigende Schwedinnen harrten auf Antwort, sahen mich an.

Und *wen* sahen sie an? Meine dunklen Haare kamen zu juckendem Bewußtsein. Es waren nicht die Haare eines true Englishman, blond and tall, wie er nordisch und aristokratisch in hübschen schwedischen Schulbüchern …

Pall … Hocker … *Stoohl* … *Shem-Sham*-Schemel … immer noch erwartungsvolles Schweigen.

Ich gab vor, das schwedische Wort *Pall* nicht zu verstehen. Das braucht man ja auch nicht als waschecht-native Englishman. Ich schlug deshalb vor, I suggested, ein schwedisch-englisches Wörterbuch zu Rate zu ziehen.

Aber man hatte keines, man habe nämlich "bathed", was ich als true Englishman zu "had a swim" berichtigte. Aber was half das, die Brünette hatte immer noch heute morgen ihren bloody *Pall*-Hocker gekauft, there was no getting away from it.

Ein Fröken-Fräulein Blumenreich, deutsche Emigrantentochter aus Stockholm, hatte ein schwedisch-deutsches Wörterbuch in ihrer schweinsledernen Handtasche, blätterte und sagte:

"*Pall*, yes, here it is: Hocker, Schemel."

Auch dies verstand ich nicht. Zwar hatte ich mich vor ihr – sie war recht gut gewachsen – noch gestern mit meinem Deutsch, insbesondere meinem Berlinerisch, geradezu orgiastisch aufgebläht, aber "Hocker" bzw. "Schemel" verstand ich nun einmal nicht, sorry, I am British.

Man erklärte:

"A chair without … without …"

Ich half nicht nach.

"– without *arms*!" triumphierte die sonst so stille Standuhraufzieherin. Aber das sagte mir gar nichts; it meant nothing to me.

"– without a *back*", von einer hageren Aschblonden aus Malmö.

"– and without a … a … *kudde*." ("Kudde", schwedisch, bedeutet "Kissen", das verstand ich schon, und dennoch sah ich jene Schülerin an, als spräche sie Chinesisch.)

"– without a *cushion*", verdeutlichte eine andere. Leerer Blick meinerseits. (Sie meinte wohl "upholstery", Polsterung, aber vorsichtshalber enthielt ich mich jeder Berichtigung.)

"– low, a low chair."

"– and *cheap*, very *cheap*."

Jetzt halfen alle nach. Meine stillen Schweden schienen sich in Sizilianer zu verwandeln.

"– often for the *kitchen*." (Ja, Mutters Küche, in ***.)

"– and of … of simple wood." Was ich kleinlaut zu "plain wood" verbesserte.

"Yes, of plain wood, *very* plain."

"– sometimes with three legs", kam es von einer fülligen Rotblonden. Es klang geil, sie schien geringschätzig an mir herunterzusehen. Aber mein drittes Bein war mir jetzt völlig gleichgültig, I couldn't care less.

"– thick legs, round and thick", half eine andere Geile nach.

Das Gespenst nahm immer konkretere Formen an. Ich starrte vor mich hin, ich wollte in den Boden sinken, I wanted to disappear, to be no more – "To be or not to be", was hilft denn dieser Hamlet jetzt, "To die, to sleep; / To sleep: perchance to dream: ay, …"

Ich hatte Angst. "Angst", wollte ich meine Schweden belehren, "Angst" heißt auf englisch – "well, my dear friends, you may be interested to know that British psychologists actually use the term *angst*, but naturally you can also say *fear*, *fright*, *dread*, *phobia*, *panic*". Aber ich schwieg.

"THERE!" Fröken-Fräulein Blumenreich streckte triumphierend einen spitzen Emigrantenfinger in Richtung einer dunklen Ecke aus: she pointed to a dark corner.

Dort, halb verdeckt von einer schwarzen Tafel, blackboard, hockte ein *Hocker*. Hockte, schemelte sich, sah mich hämisch an. Es gab kein Entrinnen mehr, there was no escape.

Ich blinzelte – I am a little shortsighted at times. Fröken Blumenreich, hilfreich wie immer, holte das Unsägliche aus seiner Ecke hervor. She placed it right in front of me.

Er sah mich an. Ein Hocker-Pall besah sich in aller Ruhe einen britischen Staatsangehörigen, a British subject.

"Ach so", sagte ich – ich sagte tatsächlich "ach so", auf deutsch, mitten in Oxford, Conversation Course, Advanced "– ach so, a *podger*."

Doosie, lernen Sie bitte dieses Wort nicht, sosehr es auch meine Schüler befriedigte. Es steht bisher noch in keinem Wörterbuch, auch nicht in Oxfords sonst so ausführlichen dictionaries.

Noch eine Bitte: Doosie, wenden Sie sich nicht ab von mir, wo ich nun nackt und entblößt mit meinem Podger vor Ihnen stehe. Don't turn your back on me.

Darf ich sicherheitshalber heute nacht bei Ihnen bleiben? I don't want to impose on you – bitte merken: Ich möchte mich Ihnen nicht aufdrängen. But there is an English word called *angst*.

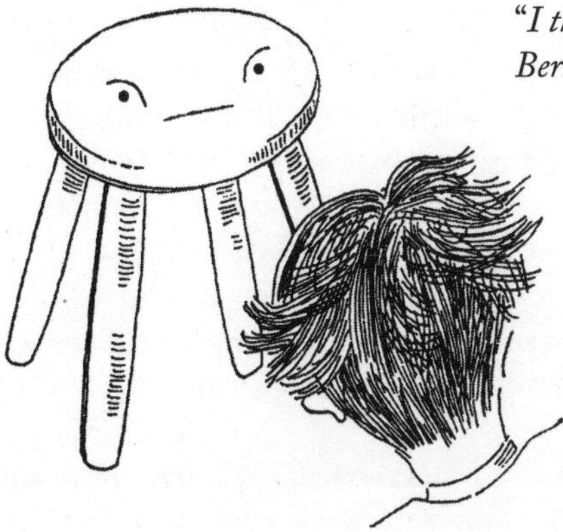

"I think I met you in Berlin", said the Podger.

P.S.

Is it true that you have never heard of Worpswede? Ein Dörfchen, eingebettet in wunderschönste norddeutsche Landschaft, als Künstlerkolonie zur Zeit des Jugendstils berühmt geworden. Etwa eine halbe Stunde von Bremen, etwa ein halbes Leben entfernt von Schweden, und eine halbe Mikrosekunde von Dir. Hinter uns, in der Ferne, die Marsch, das Teufelsmoor, und vor uns ein Tisch, den Du schon kennst.

Guten Morgen.

Warum ich ausgerechnet auf Worpswede verfallen bin?

A few months ago, in Sweden, I looked up the *Große Duden* to see how "Worcestersoße" was pronounced in German –

was it *wortschester* or, correctly, *wusster*? The Duden had the correct pronunciation, but that is not the point, darum geht es nicht. The point is that a few lines under "Worcestersoße" there was a magic word which I had not seen for many years and which all of a sudden made me feel at home: "Worcestersoße, worein, worfeln, Worfschaufel ... Worpswede."

That's why I am here. I was eleven when I last saw this place, together with my parents. My father told me about the artists who had been living here – Paula Modersohn-Becker, Rainer Maria Rilke, and others. We stayed over the weekend, it was raining most of the time, the trees were very green, my parents said the place was beautiful, I loved its *Brause* and its ice cream, and I was as happy as I am now.

Before I forget: "Hocker", in English, is *stool*. Das Ding hat also doch etwas mit jenem heimatlichen "Stuhl" zu tun, an den ich in Oxford nicht zu denken wagte. Jedes einsprachige Wörterbuch bestätigt es:

> *stool*. A wooden seat, either low or high, without arms or a back, and for a single person.

Apropos: Wäre nicht ein einsprachiges Lexikon – wouldn't that be good "for a single person" like you, Du, Sie? Neben dem kleinen deutsch-englisch-deutschen Taschenwörterbuch, das Sie hoffentlich schon haben? Am besten wohl ein amerikanisches, die sind weniger akademisch als die englischen, haben nicht nur Wörter, sondern auch Fakten, sind also gleichzeitig kleine Enzyklopädien: Wörter wie Miami, Worcester oder China, Don Quixote oder Quebec will man ja schließlich auch englisch aussprechen und schreiben können – oder amerikanisch: britisch-amerikanische Varianten sind in diesen Wörterbüchern meistens angegeben.

Und teuer sind sie auch nicht. Geben Sie höchstens den Preis von drei guten Restaurant-Beefsteaks aus, lassen Sie sich nichts Kostspieligeres andrehen. *The American College Dictionary* zum Beispiel ist ausgezeichnet, und ebenso *The American Heritage Dictionary*. Meinetwegen auch etwas "Britisches": Oxfords *Advanced Learner's Dictionary* ist, wie der Titel sagt, für "Lerner" zugeschnitten und sehr pädagogisch. Oder – etwas "philologischer" – *The Concise Oxford Dictionary*. Auch ein in England oder Amerika gedruckter *Webster* geht sehr gut, aber nur ein kleinerer – um Gottes willen, for Heaven's sake, nicht der große, für den brauchen Sie einen Extratisch.

There are people who say that American dictionaries are not really "English". Manchen Leuten ist eben nicht zu helfen. Letzteres frei auf englisch: *Suffer fools gladly*. Bitte diese wunderschöne englische Redensart merken, wenn sie auch eigentlich vom Apostel Paulus stammt: "Denn ihr vertraget gern die Narren, dieweil ihr klug seid" (2. Korinther II, 19).

Wir hatten übrigens noch ein paar andere Redensarten gestern abend:

1. "Auf Vertrauensselige sieht man herab" war meine freie Übersetzung von ...?

2. "Wie die Katze um den heißen Brei herumgehen", auf englisch?

3. Weiter eine englische Redensart, die sich auf deutsch recht ungelenk ausnimmt, aber als vorsichtiger Rückzieher im Englischen ebenso häufig wie nützlich ist: "Berichtigen Sie mich, falls ich unrecht habe." (Das kam vor, als ich Sie "sympathetic" fand.)

4. Bitte die Redewendungen "Es ging nicht" (trotz aller Bemühungen, die Schweden zum Reden zu bringen), und weiter: "Es war zum Verzweifeln".

Ich weiß, ich mache es Ihnen heute schwer. Nehmen Sie's also leicht – take it easy – und bleiben Sie mir ruhig die Antwort schuldig. Denn jetzt wird's noch schlimmer:

5. Bitte um eine englische Redensart, die etwa – aber eben nur *etwa* – folgender deutscher Redensart entspricht: "Mit

der Dummheit kämpfen Götter selbst vergebens" (Schiller). Wenn Sie *das* schaffen, if you can manage that one, bestelle ich umgehend bei Frau Schmidt ein großes Stück Johannisbeertorte für Sie, and I'll pay for it.

1. Familiarity breeds contempt. – 2. To beat about the bush. – 3. Correct me if I am wrong. – 4. It didn't work (sagten Sie "it was impossible"? Geht auch.) Weiter: It drove me to distraction. (Das klappte wohl bei Ihnen nicht.) Und fünftens, 5.:

Suffer fools gladly.

Johannisbeertorte oder nicht? If not, I'll give you another chance. Bitte übersetzen Sie – es kam bereits vor:

"Ich bezahle dafür" (nämlich für Ihre eventuell fällige Johannisbeertorte).

I'll pay for it; *nicht*: I pay for it. Ging's nicht? Immer noch keine Johannisbeertorte? OK, ich gebe Ihnen eine weitere Chance – kam ebenfalls bereits vor:

Bitte auf englisch: "Ich gebe Ihnen eine weitere Chance."

Ging's wieder nicht? Aber Kind …

I'll give you another chance

You'll get it anyway.

Uncle Moshe

Dear Doosie,
I'm waiting for the morning coffee, this time on the veranda of the inn. "Sie kriegen kein Frühstück mehr", so Herr Schmidt mit seinem stillen Lächeln, "wenn Sie nicht endlich mal ein bißchen Luft schnappen mit Ihrer –"

– with you.

There are lovely trees around us, and rolling fields – rolling: ein sehr englisches Wort für das sanft gewellte Auf und Ab so vieler englischer Landschaften. When you are in England, on a beautiful summer day like this, and with a view like the one we have now from this veranda, say it again, aloud: rolling country.

You seem to be silent this morning. Verstimmte Sie der Podger? Daß ich Ihnen Ausdrücke beibringe, die es gar nicht gibt?

Antwort wichtig, weil ich Ihnen heute apropos Podger die Geschichte von uncle Moshe erzählen möchte, die gleichfalls einen Ausdruck enthält, den es nicht gibt.

Bitte zu schätzen, daß ich diese Geschichte erzähle. Fast meine ganze Verwandtschaft, almost all my relatives, hätte ich Dir unumwunden eingestanden – bis auf die ganz miese Mischpoche. Und gerade zu dieser gehört uncle Moshe.

For instance, I would not be ashamed to admit, zuzugeben, that I am related *to* – nicht *with*, was aber mindestens ebensogut verständlich wäre – that I am in fact related, by blood, not to say "race", to Benjamin Disraeli, the British empire builder, to Karl Marx, the Marxist, as well as to the Marx Brothers, Saul Bellow, Henry Kissinger, Sigmund Freud, Albert Einstein, Moshe Dayan, and Marcel Reich-Ranicki.

Alles das hätte ich ehrlich zugegeben, I would have made no bones about it, ich hätte mich nicht davor gedrückt. Aber uncle Moshe, a former pedlar, ein ehemaliger Hausierer? Und ausgerechnet von ihm, of all people, muß ich jetzt erzählen, weil's doch der Mann mit dem *oylib* ist.

"Moshe" stands for "Moses", Moses Levy, Aussprache *lí-vai*, and "uncle" is short for the great-great-grandcousin an my mother's stepbrother's side who in turn, seinerseits, was an illegitimate-unehelich great-greatgrandson of Napoleon. (Incidentally, Napoleon is the one and only gentile, or Christian, or goy in my family.)

Uncle Moshe, then, is a merchant in Whitechapel, the Jewish district of London. (For "Jewish" see the Old Testament; for "merchant" see Shakespeare's "Merchant of Venice".) As I said, uncle Moshe had earlier been a pedlar, a poor door-to-door vendor. But he "made it": He worked his way up right from the bottom, and what once was a poor pedlar is now one of London's biggest oil importers, with a turnover of one hundred and eighty million pounds sterling a year. In short, uncle Moshe is a multimillionaire.

Even so, little or nothing – wie gehabt: fast gar nichts – little or nothing has changed since those days when uncle Moshe was a pedlar. In fact, nothing at all has changed, überhaupt nichts. Uncle Moshe still wears the same old pedlar's clothes. He still has the same wife – old fat Sarah or Sally. And both still live in the same ramshackle-verfallenen "house", in darkest Whitechapel.

His office consists – well, consisted, he has retired by now, er hat sich zurückgezogen – his office or *Büro* consisted of a tiny and shaky bedside table, Nachttisch, which was placed by the kitchen door, the bedroom being too small to accommodate such a piece of furniture.

At this table, then, uncle Moshe *would* pflegte *would* pflegte, again: – uncle Moshe would write his business correspondence at this tiny and shaky bedside table. He would do this an post cards which Sally would buy by the dozen at the post office – those cards with printed stamps on them. They were cheaper than letters.

Bisher ist eigentlich nicht mehr passiert, als daß Onkel Moses, einst Hausierer, dann Petroleumkönig, seine Geschäftskorrespondenz nach wie vor an einem wackligen Nachttisch auf vorgedruckten Groschenpostkarten schrieb, und dies, wie ich zu sagen vergaß, nicht aus Geiz oder stinginess, sondern – well, "conservatism" is one word, and "modesty", Bescheidenheit, is another. There is a third word: humility, Demut. For uncle Moshe was a humble man.

These post cards written with a blunt pencil, would-*pflegten* – they would run like this:

Shell
New York
Hierwith order zwohundreddausend tonns of Oylib
imidiatly.
Your sincere
Moses Levy

The "zwohundreddausend tonns of Oylib" oder Öl *would* arrive immediately, for everybody in the Shell Corporation, Shell House, Shell Square (or wherever), knew perfectly well who Moses Levy was, and that he paid, immediately and in cash, d. h. bar.

Yet Dave, short for David, uncle Moshe's twenty-year-old son, was not equally impressed – beeindruckt, imponiert: *impressed.* Young Dave had gone to a good school, where he had got "the right accent", i. e. the English spoken by people belonging to the Establishment. Also, he played golf, while his father played nothing, and he was now "going up" to Oxford –

– nein, Doosie, ich finde wir bleiben hier, es ist nur ein Gewitterregen, die Veranda ist ja gedeckt. Kommt immer so gegen Mittag, dieser Schauer, das kenne ich schon.

Again: Young Dave was not happy about old Moshe. "Dad", Dave said one day, "you can't go on like this." Old Moshe was just sitting at his bedside table writing one of his customary post cards, this time ordering "fierhundred-dausend tonns of Oylib".

"First", explained his son, "you need a secretary to type your letters. Second, you must have something printed on those letters, MOSES LEVY LIMITED, for instance, or rather THE MOSES LEVY CORPORATION, and *embossed*" (geprägt, Reliefdruck).

"Third, and above all, Dad", said Dave to his father Moshe, "one does not say Oylib. The word is *oil*."

Old Moshe looked up from his bedside table and spoke these "winged words", as Homer puts it, unto his son:

"Good and schoen, mai son, mach du nur so. Druecke du dir letterpapir schoenes, mit boss and all, und hab deine letterbreefe getyped von deine secretaryschickse mit Order dass Shell dir saend fierhundreddausend tonns of *oil* – dir, not mir. Wollen wir wait and see ob du ihn wirst bekommen odder nicht wirst bekommen den Oylib."

Neues Blatt, nach Umzug in die Gaststube. You were right, the rain was too bad an the veranda, it was "raining cats and dogs" as people say. The paper became wet and it was getting so dark that I couldn't see my own words. Nor could I see you. Where are you?

I had a reason for telling you the "Oylib" story. The reason is this: Don't be priggish ("etepetete") about your English. The main thing is that you can make yourself understood.

"Diese Engländer korrigieren einen ja nie", klagen viele Ausländer. Now why should they correct you? If they don't understand you, they can't correct you; and if they understand you, they need not correct you.

As uncle Moshe to his son David, so Faust to Margarethe:

> Gefühl ist alles;
> Name ist Schall und Rauch …

or Romeo to Juliet:

> What's in a name? that which we call a rose
> By any other name would smell as sweet.

You may feel that it is a far cry – ein Riesenabstand – from uncle Moshe's "Oylib" to Goethe and Shakespeare. Nun gut, dann lassen Sie mich eine Geschichte erzählen, in der nicht nur der Name gleichgültig wird, sondern sogar ein Buckel, den man selber hat.

It is the story of another relative of mine, another Moses. Die Geschichte ist mündlich in der Familie Mendelssohn-Bartholdy überliefert. Da ich sie auf englisch erzählen möchte, so kommt darin ein *humpback* vor, eben ein Buckel – man kann übrigens auch *hunchback* sagen – und weiter kommt *propose* vor, einen Heiratsantrag machen. "Jew" und "merchant" kennen wir schon (uncle Moshe), "handsome" ist Ihnen wohl bereits als “hübsch” oder “stattlich” bekannt, und “wealthy” ist oft viel besser als Ihr “rich”.

Moses Mendelssohn, the philosopher (1729–1786), alias *Nathan der Weise* (Lessing), was a small humpbacked Jew. One day he proposed to the handsome daughter of a wealthy merchant.

“Look here, Moses”, said the wealthy merchant, “I cannot possibly give you my daughter. Just think of that humpback of yours.”

Moses Mendelssohn was silent for a while. Then he said in a low voice:

“Before your daughter and I were born we were, as you know, in Heaven. At that time God held a humpback in his hands and was going to give it to your daughter. I went to him. I told him that I loved her, so would he please give the humpback to me.”

Again there was some silence.

“God looked at me. He gave me the humpback”, said Moses.

The wealthy merchant looked at Moses. He gave him his daughter.

It’s getting late. We might repeat some words.

1. Bitte um “unehelich” – I mentioned this when speaking of my family ties with Napoleon.

2. “Es imponierte ihm nicht” (Dave, Moshe’s son: “He was not …” what?) Weiter: “Er pflegte seinem Sohn zu sagen …”

3. Hausierer; Bescheidenheit; Demut; Geiz.

4. Bitte um ein anderes, oft besseres Wort für “rich”.

5. Verwandter.

Unehelich: illegitimate. Wenn Sie etwas gegen “illegitimate” haben, das ja eigentlich “unrechtmäßig” bedeutet, können Sie auch “natural” sagen.

2.: He was not impressed. – He would say to his son … Nun gut, wenn Sie "he used to say" sagten, geht's auch. Aber bitte dieses lockere *would* merken.

3. pedlar; modesty; humility. Geiz: stinginess, im Sinne von "Knauserei"; stärker: meanness.

4. wealthy.

5. relative (auch: relation). Das wäre also ein Verwandter oder eine Verwandte. Was nun "Verwandtschaft" im allgemeinen betrifft, zerbrechen Sie sich bitte nicht den Kopf darüber, ob's nun "relationship" oder "relation(s)" heißt: beides geht, aber meistens ist's ganz einfach "my family", noch einfacher "my people".

Of course, Doosie, you may go to bed. You may even undress in my presence.

Go ahead, there is nothing to be ashamed of. If you have a humpback, Doosie, remember: it's *ours*.

Schäm Dich nicht, Du hast Dich heute morgen auch nicht geschämt.

Yes, this morning.

This morning I dreamt this dream.

Hans Joachim looked at me. We were in the schoolyard of our school, the Prinz-Heinrich-Gymnasium in Berlin. We were thirteen or fourteen years old.

I had always liked Hans Joachim and I had always known that he was handsome. But now, for the first time in my life, I longed for him. I went towards him. I embraced him. He looked at me. He was no longer Hans Joachim. He was you.

I think you were a woman, but I am not sure. I think you were dark while Hans Joachim was fair, but I am not sure. You alone know whom I have loved this morning, and all my life.

A Brief History of Britain

Good morning.
Uncle Moshe's *oylib* reminds me of uncle Nat's *tolliple*. But before I go into details, let me say one thing:

This is one of our last days, Doosie. My holidays are approaching their end. Sweden is looming large. ("loom large", schwer zu übersetzen, ungefähr: gespensterhaft umnebelt in der Ferne drohen.)

It's just one of those things. "Das ist nun einmal so." Noch mal, auswendig bitte, sehr nützlich bei weniger erfreulichen Gelegenheiten:

It's just one of those things.

But this has nothing to do with uncle Nat. Es soll nur besagen, daß wir weiterschwatzen wollen, als schlage uns keine Stunde.

Nathan Gruenzweig, or uncle Nat, the half-brother of uncle Moshe, was a salesman in Sussex. In this area, Nathan dealt in horses, tractors, underwear (Unterwäsche), et cetera. Selling all this, he would – pflegte! – he would see the Brownden-Brackets every six months or so, at Bracket Mansion, Brackethan, Sussex.

On one of Nathan's visits, Sir Douglas – Sir Douglas Brownden-Bracket that is – bought some underwear for his horses, his mistress, or himself. It was then that Sir Douglas wondered whether Nathan could get him a tolliple, but a cheap one, and top quality.

"Well", said Nathan, "topp quolliti tollipls are not exäktli *chiep* nowadays." (Argumente dieser Art nennt man "sales talk", Verkäufergeschwätz, Schmus. Nützliches Wort.)

"I see", said Sir Douglas, "but I might give as much as nine hundred quid (=pounds) for a tolliple – a first class one of course."

"Nainhundert kwidd, Sir Dugglz, that's impossibl", replied Nathan. "Even seckond-class tollipls kahnt be hädd under zwothausend faivhundert, ät *liehst*."

"One thousand pounds, then", said Sir Douglas.

"*2000*" (Nathan. For pedagogic reasons I am giving you a figure, Ziffer, instead of his pronunciation.)

"One thousand", insisted Sir Douglas.

"*1999*" (Nathan).

"1066" (Sir Douglas; William the Conqueror; you must have learnt that date in school).

"*1973*" (Nathan; Britain joins the Common Market or, in German, the "EG").

"1215" (Sir Douglas; Magna Charta).

"*1945 … well, 1939.*"

"1588 and no more" (Armada).

"*1918.*"

"Somewhere round 1600 then" (Sir Douglas; Queen Elizabeth).

"*1880 at least*" (Nathan; Queen Victoria).

"1776, my last word" (American Declaration of Independence).

"*1815*, my *last word.*"

This was Waterloo. Here Sir Douglas Brownden Bracket and Nathan Gruenzweig came to terms as once did the Duke of Wellington and Blücher, each of them believing, now and then, that he alone had won the battle.

In other words – *in* other words, *mit* anderen Worten – Sir Douglas and Nathan agreed on the delivery of a top-quality tolliple for the sum of £ 1815, c.i.f. Bracket Mansion, Brackettham, by August 10 at the latest, i. e. in about a fortnight.

Nathan was a bit nervous on his way home. Perhaps, he thought, 1815 was much too cheap for a tolliple, after all. He went to Moses Levy (uncle Moshe, his halfbrother), to consult him.

He actually *went* there, for uncle Moshe, in spite of all his oylib millions, had no telephone.

Old Sarah or Sally, still Moshe's wife, opened the door. There was a smell of *gefilte fish*. And by the kitchen door, as usual, uncle Moshe was just writing one of those post cards an that bedside table of his, this time to Standard Oil – "Esso, New Jersey, Amerika".

"Moshe, I wisch to konsult dir", said Nathan.

"Jess?" said uncle Moshe, looking up from his bedside table.

"Well, Moshe, kan you tell mir – –"

"Jess, wott?" asked Moshe.

"Well, Moshe, wott is a *tolliple*?"

Wieder ein Wort, mit dem Sie nichts anfangen können, ich bitte um Verzeihung, I apologize. Aber deshalb brauchen Sie doch nicht gleich so düster dreinzublicken – düster: sullen, sulky, gloomy, sombre, sad.

Don't be angry with me, Doosie, nicht böse sein. We'll discuss things later. Let's have our dinner first. Ja, Abendbrot, der Tag ist im Nu vergangen, weil ich mit Ihnen draußen war, auf dem Weyerberg:

> Es ist ein seltsames Land. Wenn man auf dem kleinen Sandberg von Worpswede steht, kann man es ringsum ausgebreitet sehen, ähnlich jenen Bauerntüchern, die auf dunklem Grund …

schreibt Rilke. Unser erster Spaziergang, Doosie, nach Wochen. Und übermorgen Abreise.

The scenery is lovely here – bitte merken: scenery, oft besser als "landscape", stets besser als Denglish "nature". You would love this scenery. I should have shown you round. We should have walked through the gorgeous woods, die herrlichen Wälder. We should have looked at the endless sky over that famous bog, the *Teufelsmoor*. But nothing came of it, es wurde nichts daraus. Herr Schmidt has told me often enough to do something about it. "Schreiben, schreiben, schreiben", he said this morning, "das können Sie doch eigentlich auch in Schweden –"

I think he is wrong.

Sie fühlen sich doch nicht eingeengt durch meine Stubenhockerei, Doosie? Genügt Ihnen die Veranda ab und zu?

This reminds me of another relative of mine.

Rabbi Schomol had a splitting headache, schreckliche Kopfschmerzen. He had that splitting headache every day, and every day he told his wife, his friends and everybody else what a "terribl häddehk" he had got.

"You should go out and have a walk in the woods", his friends told him.

But Rabbi Schomol shook his head and said, in Yiddish: "Bin ich e *Reh*?"

Talking seriously, Doosie, im Ernst: I *know* that the Worpswede scenery is magnificent, I don't have to make sure, ich brauche das nicht nachzukontrollieren. But I also know that it is through a piece of paper, through "Schreiben, schreiben, schreiben", as Herr Schmidt puts it, and through nothing else, that you and I can be together.

Immer noch dieses Schmollen, this sulkiness. Fühlen Sie sich also doch eingeengt in dieser Stube, ist es Ihnen zu "stuffy"-muffig hier? I am a poor mind reader, Doosie, ein schlechter Gedankenleser. Could you be a little more explicit – könnten Sie ein bißchen deutlicher sein und sich bitte gleichzeitig *explicit*-deutlich und vor allem *stuffy*-muffig merken?

"Merken! Was soll ich mir denn merken, und was soll ich mir *nicht* merken? Dieser Rabbi mit seinem 'häddehk' und dieser Onkel mit seinem 'tolliple', das ist doch überhaupt kein Englisch."

Ach so, das also war's. "Genau!"

Doosie, wichtig: "Genau!" heißt auf englisch –

"Das ist mir völlig egal. Ich will wissen, woran ich mich bei diesem Kauderwelsch –"

Ich glaube, wir hatten einen ähnlichen Gedankenaustausch schon früher einmal. "Genau!" aber heißt *Quite!*, bitte merken.

"Ich will wissen, sage ich, woran ich mich bei diesem Kauderwelsch –"

Kauderwelsch heißt *gibberish,* das g ausgesprochen wie Goethe, nicht Gin.

"Ich habe nicht gefragt, wie das auf englisch heißt."

But I am your teacher, Doosie, there's no getting away from it.

"Wenn Sie so weitermachen –"

Auf englisch, Doosie: If you go on like this –

"Wollen Sie bitte endlich –"

Sag nur *shut* up – halt's Maul.

"Danke. Ich pflege mich nicht so auszudrücken. Ich will Ihnen – ich will Dir nur klarmachen, daß man mit all diesem oylib, tolliple und bodger –"

Podger, Doosie, *Podger*.

"Laß mich bitte ausreden –"

Das wäre: Don't interrupt me, please.

"Laß mich bitte ausreden. Man weiß ja überhaupt nicht mehr, woran man sich halten soll. Da steht *faivhundert* zum Beispiel oder *quolliti*, wenn's auf englisch *quality* heißt. Ich mache da einfach nicht mehr mit, wenn Sie mir nicht versprechen, in Zukunft –"

Ich kann Dir absolut gar nichts versprechen, Doosie, I kannot versprechen Dich apsoluttli nix in futtur.

"SHUT UP, PLEASE!"

Bravo, Doosie! Was Du nicht alles lernst. Wie gesagt, ich kann Dir nicht garantieren, apsoluttli nix guarantee, daß Du in Deinem Umgang mit einem der faivhundertmiljon englischsprechenden Einwohner dieses Planeten, whether white, black or yellow, Moslem/Muslim (beides richtig), Christian, Buddhist, Jewish, alive, dead or on television – daß Du da stets absolut korrektes Englisch hören wirst bzw. unmittelbar, etwa durch ein piependes Transistor-Taschengerät, automatisch gewarnt wirst, daß dem nicht so sei. Weshalb es sehr wichtig ist, falsches Englisch mindestens ebensogut zu verstehen wie richtiges.

"Aber –"

Was dieses "Aber" betrifft, so kann ich Dir folgende Ratschläge geben, in fact quite a number of them:

1. Ärgere Dich nicht über das falsche Englisch von Generalsekretären der Vereinten Nationen, afrikanischen Präsidenten, Nobelpreisträgern u. dgl., die durchs Deutsche Fernsehen in Dein Haus kommen. Zugegeben, angelsächsische Literatur-Nobelpreisträger sind verhältnismäßig noch am sichersten, although they are not quite safe either – as I said I can guarantee nothing. Here, for instance, is Nobel Prize winner Saul Bellow writing in his *Herzog*:

Hey! Ikey-Moe. Butterfingers! Fucky-knuckles!

– and here is another Nobel laureate, Samuel Beckett, saying this in *Krapp's Last Tape*:

Spool! Spooool! Box … thrree … thrree …

Da sehe ich nicht ein, warum mein Onkel Nat nicht "faivhundert" sagen darf. Or are you still cross with me? Immer noch verschnupft? (Bitte "cross" merken!)

Ratschlag Nummer 2: Sprich selber falsch. Erstens klingt es weltmännischer, und zweitens wird man Dein Englisch um so mehr loben, je schlechter Du es sprichst. Mir zum Beispiel macht keiner Komplimente mehr, man hält mich ganz einfach für irgendeinen x-beliebigen Engländer, was ich unfair finde.

Ratschlag Nummer 3: Sprich englisch vor allem in der Bundesrepublik. Ich denke z. B. an Oberkellner in feineren Restaurants und an das gesamte Personal am Frankfurter Flughafen. Man wird Dich besser bedienen.

Dazu sprichst Du englisch nicht fließend genug, meinst Du? Zum Donnerwetter, sei doch nicht so egozentrisch! Who the devil knows – wer in drei Teufels Namen weiß denn schon, daß Du ausgerechnet Du selber bist, of all people. You could just as well – Sie könnten ebensogut, just as well – be the Polish wife of an Italian spaghetti manufacturer, or the Swedish mistress of a Texas oil tycoon, or you could be a Dutch professor of Sanskrit. It all depends, das kommt darauf an – worauf, weiß niemand.

Nein? Was "Nein"? Ach so, I see. All right, if you absolutely refuse – i. e. decline, i. e. are unwilling – to speak bad English, sprich wenigstens gebrochenes Deutsch, preferably with an Oxford accent, wenn Du am Frankfurter Flughafen weiterkommen willst. Ich selber tue das immer dort, es wird besser verstanden.

(Anstandshalber, in all fairness, I should add here that there are certain risks. Als ich einmal in meinem besten Oxford-Deutsch einer daraufhin immer liebenswürdiger werdenden Frankfurter Flugplatzdame mein Gepäck-Übergewicht, my excess baggage, auszureden versuchte – "maine viele Mänjuskripte, you see" –, klopfte mir plötzlich jemand herzhaft auf die Schultern. Es war Jürgen, mein Klassenkamerad, nach dreißig langen Jahren. Er strahlte, er rief: "Mensch, Werner, bist Du's?" – Ich war es nicht.)

Letztlich aber der wichtigste Ratschlag, Nummer 4: Hüte Dich davor, eine Fremdsprache wie ein Eingeborener zu sprechen, like a native. Das ist, wie ich aus eigener Erfahrung weiß, lebensgefährlich. Laß mich das auf englisch erzählen, da die Sache etwas peinlich ist.

When I was in Spain, as a German refugee, I tried hard to speak Spanish like a native. After a few years I actually did and everybody took me for a Spaniard, jeder hielt mich für einen Spanier. (I not only spoke like a native: I also looked like one. As you may remember from that Oxford Conversation Course, I am not exactly the Viking type of "Englishman".)

Then the Spanish Civil War broke out, der Bürgerkrieg. At that time I was working in the northern part of Spain – the part controlled by Franco from the outset. Naturally the

Nazis were after me. Since I was not interested in being killed by them I escaped or fled or *floh* to republican or antifascist territory: I fled to Valencia.

But the republicans at Valencia put me into prison, Gefängnis. The reason: I had come from the fascist side, and I spoke like a Spaniard. I told them that I was a German refugee. But they didn't believe me. Not even my German passport helped, although there was a big "J" in it ("J" = Jude): they said it was forged, gefälscht. "You *look* like a Spaniard", they said, "you *talk* like a Spaniard, so you *are* a Spaniard – and a bloody fascist one at that."

I was kept in prison for three months. They would actually have shot me as a Nazi had not Carmencita, the girl friend of the Communist police commissar ... well, that's another story.

Wenn Sie von dieser Geschichte auch nur dies eine verstanden haben: Es ist lebensgefährlich, eine Fremdsprache zu gut zu sprechen.

Aber Frau Schmidt will das Licht hier in der Gaststube ausmachen. Recht hat sie, es ist schon lange nach Mitternacht, sie hat den ganzen Tag lang geschuftet, seit sechs Uhr morgens, und Krampfadern hat sie auch. Kommen Sie, wir gehen auf mein Zimmer.

So. Bitte setzen Sie sich auf's Bett, der Stuhl ist nämlich nicht besonders bequem.

Ist doch gemütlich hier? Die Linden vorm Fenster, und dahinter der Feuerwehrturm, wie ein Kirchturm fast – nein, in der Dunkelheit können Sie den wohl nicht sehen.

Sie wollen nicht hierbleiben?

Sitzenbleiben, Doosie, wir haben noch einiges zu repetieren, trotz *faivhundert* und trotz *tolliple*.

Wollen Sie mir bitte, ganz wie Sir Douglas und uncle Nat, den ungefähren Jahrespreis für folgende Ereignisse aus der englischen Geschichte nennen. Bitte die Jahreszahl hier an den Rand kritzeln – just jot it down in the margin, zur Belohnung fällt jedes andere P.S. diesmal aus. Sie dürfen sich dabei auch gern ein bißchen ausstrecken, my bed is long enough for you. Yes, it is, I am *positive*: totsicher. Now, jot down the dates, please.

The Norman Conquest, i. e. the last time that England was invaded (William the Conqueror). The date please.

The Magna Charta, the great Charter of freedom. (True, this freedom was given to the aristocracy only, aber immer noch besser als gar nichts: better than nothing.) The date please.

The Armada, i. e. the defeat of the Spanish fleet sent by Philip II to invade England.

Queen Elizabeth. Just choose one year – 1400, 1500, 1600 or 1700 – within the "Elizabethan era", England's "renaissance" so to speak, with Shakespeare, Marlowe and many others.

Waterloo. The Belgian village which stands for the date when Napoleon was defeated once and for all. One month later, he was brought to St. Helena.

Queen Victoria. Again, choose between 1780, 1880 and, say, 1920 to give a typical year within the "Victorian era" which, incidentally, has much in common with the "Wilhelminische Zeitalter".

And finally, although America is not so popular at present, I want you to give me the date of the American Declaration of Independence. For this is one of the greatest documents ever written in the English language, and its Spirit is still alive. Yes, it is: It was NOT in the United States of America that racial discrimination led to the murder of six million people. It was an our own continent that such things could happen.

Listen Doosie:

> We hold these truths to be self-evident, that all men are created equal, that they are endowed by their Creator with certain unalienable Rights, that among these are Life, Liberty and the pursuit of Happiness.

Schlafen Sie, Doosie?

Es ist sehr still draußen. Alles sehr still. Auch Du. Wenn Du nur da bist.

Du schläfst doch?

Es war nicht bei den Vierlingers in Düsseldorf, das habe ich Dir nur so erzählt. Es ist jetzt. Zum erstenmal wieder hier, seit all den vielen Jahren wieder zum erstenmal.

We hold these truths to be self-evident.

Es war anders damals.

Du schläfst doch?

Viele Jahre waren es. Ich brauche sie Dir nicht zu schildern. Sie schrumpfen zu einer Sekunde zusammen: sie sind nicht mehr.

You *are* sleeping, Doosie, aren't you?

Listen: it is raining. Schön, wie es an unser Fenster prasselt. "Es regnet, Gott segnet, die Erde wird naß ..." Erinnerst Du Dich noch? Das sangen wir als Kinder.

Ist dieser Regen wahr für Dich?

Wird die Erde wieder naß?

Ich liebe Dich, Doosie. Da draußen wird's langsam wieder hell. Hörst Du die Lerche, the herald of the morn? Die Lerche war's, die Tagverkünderin,

It was the lark, the herald of the morn,

die Nacht hat ihre Kerzen ausgebrannt

Night's candles are burnt out.

Feldlerche

Reiher

Krickente

Aus Worpswede, Wege in das Moor.
(Herausg. Freunde Worpswedes e. V.)

Embarrassing

In Uppsala, where I have come from, I met a man by the name of Wolfgang Deutsch. The name itself suggests that he was a Jew, for Jews often have names taken from countries or places – for instance Jacques Offenbach, the composer, Henry Kissinger, the politician, Walther Rathenau, that great German (murdered), Rosa Luxemburg, another great German (murdered), Anne Frank of Frankfurt (murdered), and Wolfgang Deutsch, an author living in Uppsala.

Wolfgang Deutsch had left Hitler's Germany at the age of twenty. He was now a grey-haired man and had written, in Sweden, ten or fifteen books in German, only one of which, *Wort ohne Sprache*, subtitled *Rufe im Niemandsland*, was published. The book was not reviewed, "rezensiert", and sold 63 copies. For the rest, Wolfgang Deutsch was an *arkivarbetare* (Swedish; arbeitsloser, sozialunterstützter "Archivarbeiter"). In that capacity he typed addresses, lists and registers at the German Institute of Uppsala University.

Some time ago, that Institute – which was, as I said, the place of Wolfgang Deutsch's exile – that German Institute invited a prominent literary critic from West Germany to give a series of lectures, Vorlesungen, on modern German literature.

He came to Uppsala, was made an *Ehrendoktor* there, and gave his lectures at the Deutsche Institut of that town. After one of these lectures – it was a lecture on Peter Handke's *Kaspar Hauser*, I believe – Swedish students asked him what he thought of Wolfgang Deutsch's *Wort ohne Sprache*.

The critic shrugged his shoulders, zuckte mit den Achseln. "It is embarrassing", he said, "it is indeed embarrassing to read an author who cannot write."

The Swedish students grinned, sie grinsten.

After that, Wolfgang Deutsch was seen no more. The lists and registers at the Deutsche Institut were left undone. Some people say he killed himself. Others say he quietly left the country.

Dear Doosie,
On this lovely afternoon, with the sun setting behind the linden trees in front of our Gasthof, and with children playing and shouting in a language now real to both you and me, Wort *und* Sprache, I should like to tell you of a conversation I had this morning. It has something to do with "authors who cannot write".

"It is embarrassing", Bertrand said this morning, in the *Kneipe* of our inn, "it is indeed embarrassing to find the world's greatest love scene at the end of your petty little chit-chat with that fancy Dudu or whatever you call her."

Embarrassing is *peinlich*; chit-chat is a sort of *Schwatz*; Dudu is you; the *Kneipe* is near our breakfast room, just across the corridor; Bertrand is Bertrand Keel, pronounced *kehl* or *kiehl*, because he is half German and half Canadian (his father was born in Berlin, and his mother in Toronto) – ein Mann, dessen Urteil für mich recht maßgebend ist, weshalb mich sein "embarrassing" besonders stört. Und schließlich: "the world's greatest love scene" is the Balcony Scene from Romeo and Juliet.

"Wilt thou be gone?" fragt Julia.

> Willst du schon gehn? Der Tag ist ja noch fern.
> Es war die Nachtigall und nicht die Lerche.

It was the nightingale, and not the lark ...
Nightly she sings – noch ist es Nacht für Liebende:

> Believe me, love, it was the nightingale.

– Nein, antwortet Romeo, der Tag ist angebrochen, das Morgengrauen bringt Entdeckung, Tod:

> It was the lark, the herald of the morn,
> Die Lerche war's, die Tagverkünderin ...
> Die Nacht hat ihre Kerzen ausgebrannt.

Night's candles are burnt out.

Grob gekürzt, Doosie. Es ist eine unsagbar schöne Szene, nur bei Shakespeare sagbar schön. Verzeih, daß sie mir heute im Morgengrauen vorschwebte, als die Lerche ...

"Embarrassing, most embarrassing", Bertrand said. "Not that I idolize Shakespeare, but there are limits. Es gibt Grenzen, und die haben Sie wieder einmal überschritten."

Wieder einmal – auch dies von Bertrand, auf deutsch, dieweil Toronto-Berliner.

"Correct me if I am wrong", versuchte Bertrand einzulenken. But people saying this are usually correct.

Curious chap. Merkwürdiger Kerl. Eigentlich Violinist: war eine Art Wunderkind, an infant prodigy, gab bejubelte Violinkonzerte mit den Berliner Philharmonikern und verlor dann während einer Tournee – in London war's, an der gemeinen Ecke Shaftesbury Avenue/Charing Cross Road – den rechten Arm. Since then: muddling through as best he can, making a poor living on translations for a company in Bremen. Weshalb er auch in der Nähe von Bremen wohnt, in Worpswede, und in der Kneipe des Gasthofs manchmal zuviel trinkt, fast stets auf Kreide, on tick, besonders sonnabends wie heute.

I am sure you would like him just as much as I do. That's why I often show him what I have written to you. Mir bebt dabei das Herz, denn Bertrand ist für mich – well, to me Bertrand is *the* reader: what he feels will be felt by any intelligent reader, including you – let alone, ganz zu schweigen von, literary critics.

Und nun "embarrassing" von ihm, und "wieder einmal". These words strike home, sie sitzen.

What am I to do? Shall I tell Bertrand that there are extenuating circumstances, mildernde Umstände, z. B. daß mein Koffer im "Gasthof zur Ausspanne" sowieso gepackt ist und daß ich deshalb noch ganz schnell mit Dir, unterrichtshalber, the world's greatest love scene ... zum Abschied?

Embarrassing.

Well then, do you think I could tell him that a writer will always be "embarrassing" when he has been away too long and lost his language?

"Lost *what*?" Bertrand could reply. "Are you perhaps a violinist who has lost his right arm?"

But Bertrand wouldn't ask that question. He never talks about himself.

Womit wir beim Kern der Sache angelangt sind, the heart of the matter (P.S.). Das Schlüsselwort, the key word, wäre hierbei etwa self-pity, Selbstmitleid (P.S.)

> – Doosie, I'll make life easy for you today. Words on which I'll examine you in the P.S. will be marked "P.S." to warn you. But only today.

"I can't help feeling", Bertrand said, "that you are overdoing it." But there is more to come.

This morning, in the *Kneipe*, shortly after the "embarrassing" thing, he took up what he called my "Sündenregister". He actually said "Sündenregister" because there is no handy English word for it.

> Gibt's wirklich nicht auf englisch. Aber gibt's natürlich in deutsch-englischen Wörterbüchern: "list of sins committed". Denn Wörterbücher übersetzen alles, damit man ihren Verfassern um Gottes willen nicht nachsagen kann, sie könnten kein Englisch. They have all the answers – bitte merken, stets ironisch: *he (she, it etc.) has all the answers*, "der weiß alles" (P.S.).
>
> Deshalb: Sollten Sie irgendeine Übersetzung im deutsch-englischen Teil Ihres Wörterbuchs suspekt finden, bitte der Sicherheit halber im englischdeutschen Teil nachschlagen, ob das Wort dort überhaupt vorkommt.

Nun gut, mein Sündenregister, "my list of sins committed" – mein Gott, jetzt hab ich's, ganz einfach my *sins*, man vergißt immer wieder, daß Englisch ein Bekenntnis zur Einfachheit ist – well, my sins as taken up by Bertrand this morning are these:

"This exile Weltschmerz of yours", said Bertrand (Doosie: "Weltschmerz" is untranslatable and can be used in English; if you don't know how to pronounce it, the Concise Oxford Dictionary will help: *-shmĕrts*) –

– "This exile Weltschmerz of yours is insufferable (P.S.), unerträglich", said Bertrand. "Believe me, Werner, für heutige Leser ist diese Geschichte nur *Geschichte*, it's history and it's passé. I fully sympathize with you, but what has your Dudu-Doosie to do with Hitler and with your isolation in Sweden? She has got her own problems, and bigger ones perhaps than yours. She has got an exile of her own:

her drudgery in a dreary office, for instance, or an unfaithful husband and/or lover –"

> Wichtig, Doosie: *drudgery* ist etwa "Plackerei" (P.S.). Das mit dem untreuen Geliebten aber trifft nicht zu. I am faithful, Doosie.

"But don't you see, Bertrand", wandte ich kleinlaut ein, "without that exile thing, and Sweden and the rest of it – I mean without myself there would be no Doosie, no holiday, no *Kneipe*, no nothing."

Bertrand looked at me, shook his head, and then had a gulp of Steinhäger, holding the glass a little awkwardly, linkisch, with his left hand. "Heinz", he said, turning to Herr Schmidt, "noch einen."

I waited for an answer, but there was none.

"What's worse, Werner", Bertrand said over his fourth Steinhäger, "there is this *Heimwehleidigkeit* of yours, this sickening homesickness. For one thing, that kind of nostalgia is nationalistic, and that's certainly not in –"

"Whether *in* or *out*, Bertrand, I am not natio–"

"Well, look here, there is that *Brötchen* stuff of yours, and all that *Kindheit* rubbish. It's sickening (zum Kotzen, P.S.) – and it's embarrassing, to say the least."

> Sagen Sie mal, Doosie, gibt es noch *Dr. Oetkers Götterspeise*? If so, don't tell Bertrand that I'm interested. Und gibt es immer noch Schokoladen-Maikäfer mit Pappbeinen?

"And for another thing, Werner, you're homesick for a country that no longer exists. Your 'Deutschland' has gone for ever. Das war einmal. Die Bundesrepublik ist, if you ask me, der 51. Bundesstaat der USA, wenn auch ohne Negerfrage und ohne die geringste Spur von angelsächsischer Kultur. Sonst aber – you see my point?"

I said nothing. What argument could I offer against him? Dr. Oetkers Götterspeise wouldn't do, nor would chocolate beetles with paper legs. For the rest, I was definitely not homesick for the Germany of the past, neither for that of Hitler nor for that of Hindenburg, but –

"You see, Bertrand", I said, "most of us have a country, just ONE, in which they can speak and write and work and fight and love and Kate, no matter how rotten-beschissen this one country may be."

> Rotten (P.S.): "Something is rotten in the state of Denmark." Hamlet knew it. But even so he did not want to leave that rotten country of his. He must have loved something like Dr. Oetkers Götterspeise.

"Nonsense", said Bertrand, "perfect nonsense", and ordered another Steinhäger. But I insisted:

"There is a country – I think Kurt Tucholsky said so somewhere – ein Land, rotten and filthy and foul maybe, much worse perhaps than any other country, aber ein Land, zu dem wir 'Du' sagen."

"Tell your Dudu-Doosie."

"I shall, Bertrand."

"O God!"

Das kam zutiefst aus seinem Herzen. Er schüttete einen neuen Steinhäger in sich hinein, wohl den sechsten, in einem Zug, at one gulp, und klopfte mir auf die Schulter:

"You tell her, and I'll be fucked if she doesn't run away."

This made me think of Johnny – of his "Ten Commandments for Writers" which he had painted with gold and silver letters, on a black background, and pinned up in his lavatory, for quiet contemplation:

One. Never write about your own problems. There are no problems you can call your own.
Two. Always write as if someone else were writing your book. People won't notice the differente.
Three. Never express yourself clearly. If people understand what you mean, they'll say that you're laying it on thick.*
Four. Never call yourself "I".
Five. Call yourself "he". He is allowed to have feelings.
Six. You may also call yourself "Georgina". She is allowed to cry.
Seven. Thou shalt have no feelings.
Eight. Thou shalt not cry.
Nine. Thou shalt not write.
Ten. Thou shalt not be.

Meanwhile, Bertrand was quietly sipping away at his seventh Steinhäger while I was still on my first beer.

"I'll tell you what's wrong with you", he said.

"Well, tell me."

"You don't drink."

Bertrand looked at Herr Schmidt: "Stimmt's, Heinz?"

Heinz Schmidt, hinter der Theke, wußte nicht recht. Er wollte dem Trinkenden mit seinem einen Arm nicht zu nahe treten, lächelte nur und sagte: "Na ja, wie man's nimmt."

"Last but not least", said Bertrand –

Sorry, Doosie, I have to come in between. "Last but not least" ist die englische Version des deutschen "last, not least". Somit bitte ersteres dreimal wiederholen.

* *To lay it on thick*, dick auftragen (P.S.). – Weiter, im voraus, in den nächsten Zeilen: *cry*, von Deutschen zumeist *weep* genannt: weinen. – *Thou shalt not* (you shall not): see the Bible, the Ten Commandments.

"Last but not least there is your Sw...", stammered Bertrand. He seemed to be pretty steinhaegered by now. "It's a g-good country, your Sweden", he went on, "and probably even your Du-Du would like it. So don't run it down all the time. Nobody will buy that."

Du-Du: what Bertrand said is most important. Do remember *nobody will buy that*, "das nimmt Dir keiner ab" (P.S.), and *to run down*, "heruntermachen" (P.S.).

"Sweden or no Sweden", I said, "I am not talking about Sweden. I am talking about something called exile."

"Exilia! Exilia!" pooh-poohed Bertrand. "Long live Exilia!"

"Na na, Herr Keel", sagte Herr Schmidt leise hinter seiner Theke und sah mich an. Heinz Schmidt ist ein sehr stiller Mann.

"I am not drunk, Heinz", Bertrand said to him, "and I understand you, Werner. But other people won't. They won't understand what it means to have lost one's language. To them – na, für andere sind das Luxusproblemchen."

He ordered another Steinhäger. Then he said:

"Look here, Werner, you are a writer. Invent something. Tell them your story in a form they'll understand. T-tell them you're an innkeeper without b-beer –"

He looked at Heinz Schmidt and laughed.

"No, that won't do", he went on. "Look here, t-tell them you are a prostitute without a cunt – no, that won't do either, it's not good enough. T-tell them – here we go, here is your story – t-t-tell them you are a violinist. Tell them you lost one arm. No, t-tell them you lost *both*. Maybe people will understand your story –"

Bertrand raised his one arm and said "*skål!*"

P.S.

Wir müssen repetieren, obwohl es inzwischen weit nach Mitternacht ist. It was very sweet of you to go with me up to my room.

Eigentlich immer noch gemütlich hier oben, relatively speaking, findest Du nicht? Auch das Bett noch nicht abgezogen, Abreise erst morgen früh, nein schon heute früh, it's past midnight.

Wirklich? Du willst? Now? Darf man das glauben? Warte mal, meine ganzen Zigaretten sind schon im Koffer, my harvest 1923.

Du hast selber? Erlaube ich nicht, strictly forbidden. Sieh mal an, hier liegt ja noch ein Päckchen.

"Päckchen"? Sagt man so? Vielleicht heißt's anders auf deutsch, ist alles schon so lange her. Wie heißt's denn? "Pakkung" vielleicht? "Packet" auf englisch.

Warum sagst Du nichts? Du darfst mein Deutsch ruhig korrigieren, berichtigen meine ich, nein, verbessern. Heißt es Packung? Schachtel?

Sag was, Doosie.

Warum schüttelst Du so merkwürdig den Kopf?

Wiederholungsübung fällt aus.

Oder: Let's pull ourselves together, zusammennehmen. I won't plague you. A few questions only, without much connection with my "P.S." warnings today – they were merely a trick to make you remember.

1. Peinlich. – Natürlich kannst Du "painful" sagen, es ist nicht falsch, die meisten Deutschen sagen das auf englisch, wenn's auch die wenigsten Engländer tun. Also was anderes bitte.

2. "Last, not least" – in korrektem Englisch bitte. Und da wir gerade bei "Denglish" sind, bitte ich Dich zu raten, was "Happy-End" auf englisch heißt.

3. Plackerei (Schinderei usw.), d. h. die normale Arbeit fast aller Menschen. Vermutlich auch Deine, day in day out.

4. Selbstmitleid.

5. Und dennoch, trotz Vokabel Nr. 4, bitte noch einmal an das Wort Kurt Tucholskys denken: Es gibt ein Land, zu dem wir "Du" sagen. Nur daran denken bitte, nicht übersetzen. Es geht hier nicht um Englisch, auch nicht um Deutsch, sondern um ein Du.

Er verlebte eine seiner glücklichsten Zeiten auf einer Urlaubsreise nach Schweden: Schloß Gripsholm, 1931. Then, in 1935, in an exile called Sweden, he killed himself. After he had taken the tablets, he wrote this:

"... die Brücke, das innere Glied, die raison d'être fehlt."

Solltest Du es als "self-pity" empfinden, daß ich diese Worte hier zitiere, dann möchte ich Dir zwei sehr gute Ausdrücke beibringen, die Du mir an den Kopf werfen darfst:

Erstens: "*You are telling ME!*"

Etwa: "Wem sagst Du das?" Oder: "Das brauchst Du *mir* nicht zu erzählen, ich habe mindestens ebensoviel durchgemacht." – Und zweitens:

"*Count your blessings.*"

Wörtlich: "Zähle Deine Segen." Freier: "Denk mal ein bißchen nach, wie gut es Dir eigentlich geht."

Jawohl, es geht mir außerordentlich gut, unverschämt gut geht's mir: Der Mond verbleicht im Morgengrauen, jemand sitzt auf meinem noch nicht abgezogenen Bett, kaut am Bleistift, oder an Schokoladenmaikäfern mit Pappfüßchen, und macht Schulaufgaben Nummer one, two, three, four, five.

1. Embarrassing. – 2. Last but not least; happy ending. – 3. Drudgery. – 4. Self-pity.

5. I don't know how to thank you for this, Doosie.

5.30, half past five. Our last morning. Die Lerche wieder. Nein, Doosie, nicht jetzt, sag's nicht, ich bitte Dich. Doosie, ich flehe Dich an, sag's nicht, wir machen uns alles kaputt, es ist lebensgefährlich, *embarrassing*, denke an Bertrand, Leser, Buchhändler, literary critics, *they won't buy it*. Wenn die uns jetzt davonlaufen, dann wird dies nie ein Buch, nie werden wir uns treffen können –

DOOSIE!! NEIN! WIR DÜRFEN NICHT!
Wilt thou –
DOOSIE! SCHWEIGE! Ich beschwöre Dich!
Wilt thou be –
DOOSIE!

—Wilt thou be gone? it is not yet near day:
It was the nightingale, and not the lark,
That pierc'd the fearful hollow of thine ear;
Nightly she sings on yon pomegranate tree:
Believe me, love, it was the nightingale.

—It was the lark, the herald of the morn,
No nightingale: look, love, what envious streaks
Do lace the severing clouds in yonder east:
Night's candles are burnt out, and jocund day
Stands tiptoe on the misty mountain tops.
I must be gone and live, or stay and die.

Schön ist Beisammensein …
Gute Nacht, Prinzessin.
Kurt Tucholsky,
Schloß Gripsholm

Page One

Dear Doosie,
I don't care a tinker's cuss.

Tinker: Kesselflicker; cuss (curse): Fluch. Letzterer auch "damn".

I don't give a damn, ich pfeife drauf.

Auf was?

Du hast recht. I had better tell you what it is all about. The thing is this:

Ich habe meinen Koffer wieder ausgepackt.

In other words:

Would you mind staying with me for another week or two? I know, Doosie, I may have been a little trying during the last few days, ein bißchen "anstrengend": I have been talking too much about certain things. Es war unter dem Druck des Abschieds. But we can take it easy now, I promise to be a good boy (man sagt so), denn jetzt haben wir wieder Zeit.

We *have* time, Geliebte. Hab's eben Frau Schmidt gesagt, alles in Ordnung: das Zimmer bleibt unser Zimmer, Bett wird nicht abgezogen, denn:

I don't give a damn. Or: I don't care a fig, a hang, a hoot, a tinker's cuss.

This morning, some three or four hours ago, I sent a telegram to Uppsala:

plötsligen insjuknad influensa stop återkomst troligen en eller två veckor försenad stop adress oförändrad stop hjärtliga hälsningar

i. e.
suddenly down with flu stop return probably delayed for one or two weeks stop address unchanged stop kindest regards

i. e.
liebeskrank stop herzliche Grüße

The last version is between ourselves or, as people say, "between you and me and the bedpost". Aber das mit der Grippe – "flu", short for "influenza" – ist völlig glaubwürdig, altogether credible. Meine guten Schweden haben ein untrügliches Gefühl dafür, daß auch der Gesündeste einmal krank werden kann. Und wie alle andern guten Menschen haben sie ein geradezu grenzenloses Verständnis, an almost boundless understanding, für Probleme, die man gar nicht hat, sofern man die guten Leute nur mit seinen eigenen Sorgen in Ruhe läßt, in diesem Fall mit einer gewissen Abneigung, a certain aversion to returning to a certain country.

Warum also klagen und dazu sogar noch leiden, wenn die Menschen so gut sind? A little less self-pity, Selbstmitleid, and a little more self-control has made the English into what they are.

Ergo: Gemütlich wollen wir's uns machen, let's RELAX – wichtiges Wort, "ausspannen" etwa, im "Gasthof zur Ausspanne". Let's enjoy ourselves, laß uns genießen. Du hast's Dir redlich verdient: you deserve it. You have been listening to my problems without saying one single word about yours. I'll follow your example.

REPETITION, Doosie, ganz schnell: Bitte um "ausspannen", "verdienen" (nicht Geld, das wäre *earn*) und – es war weiter oben – "Grippe" bzw. "unter uns".

Relax; deserve; flu; between ourselves – oder salopper: „between you and me and the bedpost".

Frau Schmidt, Sie sind ein Engel! Wie haben Sie das ahnen können, dieses zweite Kaffeekännchen?

Und ein Telegramm noch dazu?
Gleich aufmachen.

very sorry you are ill stop hope you will recover soon stop take it easy and relax stop kindest regards

Sind das nicht gute Menschen! Sogar noch auf englisch, damit ich ganz bestimmt verstehe, wie aufrichtig – how sincerely they understand that a flu is a flu.

Sorry, Doosie, this sounds cynical. But I am merely trying to say that I am happy.

All of us have the courage to do difficult things. We have the courage to be sad and sorry, the courage to despair and even, perhaps, to hang ourselves. But in one respect we are cowards, Feiglinge, almost all of us: we have no courage to be happy.

Mut zum Glück.

Let's have that courage.

Doosie, mir ist heute fast, als seien wir wieder auf Seite 1, Page One. Jene erste Begegnung, bei der man noch nichts voneinander wußte und dennoch bereit war für alles, zu allem. Wo man noch nichts verdorben hatte, wo es noch kein "embarrassing" gab.

Laß es wieder Seite 1 sein, Geliebte.

Womit wir uns, als wär's das erste Mal, eine Harvest 1923 zu Gemüte führen sollten.

Do you feel like a cigarette? Ist Dir nach einer?

Laß uns das jetzt einmal schulbuchgerecht durchpauken, dieses "mir ist nach ...", ich hab's aus einem Lehrbuch:

Do you feel like a cup of tea?
– No sir, I feel like a glass of milk.
Do you feel like an apple?
– No sir, I feel like an orange.

Do you feel like cheese?
– Yes sir, I do feel like Cheddar cheese.

Doosie, I feel like *you.*

Bitte diesem Annäherungsversuch jetzt nicht ausweichen, no "red herrings" please – keine Ablenkungsmanöver. (Wörtlich: "rote Heringe", mit denen man Leute auf eine falsche Fährte lockt.) Bitte nicht fragen, was denn dieser garantiert schulbuchgerechte Cheddar cheese eigentlich ist.

Na schön – "na schön, wenn Du's unbedingt willst", englisch: all right, jedoch mit stark betontem *all*, geduldig gedehnt: *a-!-l* right – na schön, dieser Cheddar ist ein durchaus eßbarer englischer Käse, der deutschen Englischlehrern für Englandreisen empfohlen-recommended sei. But should you ever go to England, your English friends will probably recommend French and/or Italian cheese such as Camembert, Gorgonzola and Brie, because they haven't read German-English schoolbooks.

I am exaggerating, ich übertreibe. All right then, *a-!-l* right, have as many English cheeses, pies and puddings as you like – but please don't criticize English food. Warum schimpfen eigentlich alle Zentraleuropäer aufs englische Essen? In the places where you are most likely-wahrscheinlich (merken!) – where you are most likely to have your meals while in England, there will be no, English food at all. London, for instance, is full of spaghetti houses, Indian restaurants and the like, and really good restaurants have a French chef ("chef de cuisine"). No Londoner will ever "dine out" to have English food. In fact, no Englishman is likely – bitte jetzt aber definitiv *likely* merken; again: – no Englishman is likely to know what "English food" really is until he meets a foreigner telling him that it is bad.

If I have understood you correctly, you have just been saying "Du übertreibst mal wieder". Please say it in English. You'll find the verb at the beginning of the last paragraph (Absatz), and "mal wieder" is simply "again", pronounced *ägenn* or *ägein*, just as you like. I recommend *ägenn*, because it's both British and American, so you can "zwei Fliegen mit einer Klappe schlagen": you can kill two birds with one stone, und das wird im P.S. verhört.

Speaking of food, I just passed Frau Schmidt's kitchen. She was cutting lemons into slices, to put them an the finest rainbow trout I have ever seen, Regenbogenforellen. Which gave me two ideas:

First, I have ordered two of them, for the two of us. If you don't turn up – eleganter: should you fail to turn up; einfacher: if you don't come – I'll have both.

More important: I have ordered a hock to go with the trout. Bitte "hock" merken, statt dilettantisch "white wine" oder "German Rhine wine" zu sagen. "Hock" kommt von "hockamore", englisches Kauderwelsch für "Hochheimer", weshalb ich auch bei Frau Schmidt Hochheimer Steinern Kreuz 1975 bestellt habe – a good vintage, guter Jahrgang, oder einfacher: a good year.

Here it comes, schönen Dank, Alice (Frau S.'s little daughter, you may remember).

"Prost" heißt auf englisch *cheers*. Nicht nur lernen, sondern auch sagen bitte – NOW.

And these trout! (Sorry, I can't help it that the plural of "trout" takes no "s".) These trout! Das ist ja ein Stilleben (engl. sehr einfach: still life), und dazu noch auf diesem Tischtuch, sieh Dir's mal an: schönstes weißes Leinen, noch aus den alten Tagen.

This sounds hopelessly "bourgeois", I know. But you don't seem to object ("protest"). Die zweite Forelle ist nämlich verschwunden.

Don't argue, Doosie, nicht herumstreiten jetzt. I respect your political views and I am prepared, *bereit*, to revise mine or to change them altogether if only you will allow me to show you this place. I don't think you have seen it properly yet. It's simply too lovely to be "bourgeois".

Da wäre zunächst besagtes Tischtuch: the tablecloth of whitest linen, pronounced *línn(e)n*.

Der Tisch darunter: Entworfen von Heinrich Vogeler, einem Meister des Jugendstils. Von ihm auch die Stühle und überhaupt das ganze Zimmer.

Zimmer: Unser Frühstückszimmer, laut Messingschild an der Tür, wohl noch aus Heinrich Vogelers Tagen, "Künstlerzimmer" genannt. Zum Unterschied von der Kneipe jenseits des Korridors und unserem eigenen Zimmer im Hinteranbau, mit Blick auf Feuerwehrturm, Linden, Nachtigallen-Lerchen.

Haus: Niedersächsischer Fachwerkbau, 17. Jh.

Sonstiges: Du.

Table and chair: Designed by Heinrich Vogeler, Germany's Aubrey Beardsley (*bi-*, nicht *bö-!*), one of the pioneers of the "Art Nouveau" or "Jugendstil".

Our room: indicated by an arrow, *Pfeil*. One bed only. Hope you don't mind.

House: "Gasthof zur Ausspanne", seventeenth-century half-timbered house. (Womit Sie "Fachwerkhaus" gelernt haben. Please excuse the formal "Sie"; it's because of the one bed in our room.)

P.S.

It can't bc helped, we must wash up the dishes, wir müssen abwaschen, even if that Hochheimer goes to my head. Let's do it quickly. Please translate:

1. Grippe, Forelle, Weißwein.

2. Zwei Fliegen mit einer Klappe schlagen. – Schwer: Ablenkungsmanöver.

3. Genießen. This verb has something to do with "joy", if that makes things easier for you.

4. "Er wird vermutlich nicht kommen", bitte ohne das oft schwerfällige "probably". Weiter: "Du übertreibst mal wieder." Weiter: "Ich pfeife darauf" – in möglichst vielen Varianten bitte, unser heutiger Tag fing damit an.

5. Zwei Wörter für "Einwendungen machen", das eine völlig sachlich, das andere zänkischer. Sorry, Doosie, this is difficult, but both words are very important.

How am I to hide my answers? You shouldn't discover them too easily. (Hide: verbergen; discover: entdecken.) Let me start in the middle of this paragraph.

1. Flu (or influenza), trout, hock. – 2. To kill two birds with one stone; red herring. – 3. Enjoy –

– besonders häufig: "enjoy oneself", etwa "sich amüsieren, es nett haben". Ehrlich gesagt, dieses englische "enjoy oneself", wörtlich "sich selbst genießen", klingt für mich geradezu nach Selbstbefriedigung.

"It was a superb night, darling, I *did* enjoy myself."

Zum Teufel soll er (sie) gehen und sich selber enjoyen. Na, Geschmackssache. Aber ich würde "I had a good time" vorziehen, oder "it was great fun". – 4. He is not likely to come. You are exaggerating again. I don't give a damn bzw. care a tinker's cuss, a fig, a hang, a hoot (or two hoots), a podger, an oylib, a tolliple oder was Sie wollen. Auch das Wort "bloody" ist hier zuweilen recht handlich, it comes in handy, da es semantisch-transformatorisch-generativ, oder wie das jetzt nach Noam Chomsky heißen mag, dem deutschen "Scheiß-" entspricht, z. B. "I don't care a bloody damn about Noam Chomsky" – now, what's wrong with Noam Chomsky? My God, this hock *is* going to my head, I am getting drunk, aber wir haben ja nur noch das dicke Ende, bevor wir frei sind:

5. To object; to argue.

Free! I *am* drunk, Doosie. Let's have some fresh air, it's lovely outside, one of those bloody sentimental nights, with woods and bushes and shrubs where nobody can see us – nicht einmal wir einander

– come on, let's sing: nicht – einmal – wir – einander –

Komm.

Komm über die Brücke, unsere Brücke aus Papier.

Heinrich Vogeler,
Die Blumenbrücke
Worpsweder Archiv.
(Verkleinert)

The Factory

Es gibt immer noch Maler in Worpswede, painters. Good and/or bad painters. I say *and/or* because "good" and "bad", it seems to me, are highly subjective terms in present-day art, *Kunst*, especially in abstract art.

You may feel that I am wrong. You may have seen abstract paintings which you feel are masterpieces. In fact, you may like abstract art so much that you have one such painting right in front of you, on your own wall. I hope you have, because that painting has probably been done by me, at least in part, teilweise. I have done about sixty thousand abstract paintings spread all over the world. They have been painted by about eight hundred different artists, and these artists – in part at least – were all me.

I don't want to mystify you. The story is very simple. It's the story of the AAA or Abstract Art Association Ltd of Woking, Surrey. Letzteres ein idyllisches Örtchen in der Nähe von London. ("It's near London, like the rest of England", Johnny would say.)

We did not call it "Abstract Art Association" nor even "AAA". We simply called it "the Factory", die Fabrik, because we felt that the whole thing was a little fishy.

"Fishy": faul; "we": a little crowd of young people, some of whom you know already: Johnny, Zachariah or Zach – the one with the "lemon cure" – and Tatyana whom I think I have mentioned on some occasion. Another "we" was Patricia – the girl with my capitalist blanket-Bettdecke and, later, with that red-bearded anarchist of hers, if you remember.

In addition there were Michael (Aussprache *maikl*), Gertraude of Paderborn, Sibyl & Marcel, and, most important of all, the creator of the AAA whom neither you nor I had ever seen until I happened to meet him in a London tea shop. His name was Alistair. A tall man, lean-hager, about 35, looking like a mixture of Don Quixote and Herr Settembrini in Thomas Mann's *Magic Mountain*.

He was having tea with Patricia (Aussprache etwa *-íscha)*, near Marble Arch, Hyde Park. Patricia had by then, for reasons of her own, left the anarchist.

"Hallo, Patricia. Nice to bump into you like this." (To bump into someone, wörtlich: in jemanden hinein-bumsen [sorry], d. h. zufällig treffen.)

"Hallo, Werner, what a surprise", Patricia said with little or no surprise. "This is Werner", she informed Alistair, "and this is Alistair", she informed me.

I had heard about Alistair only a few days ago. Johnny had phoned me in high spirits (cheerfully, happily), telling me that he had got a job in Alistair's "factory".

This was shortly after the war. Johnny and I had come from Sweden (British Embassy, butter rations, Peenemünde, if you remember). Tatyana had come from a military hospital in northern Scotland, via Warsaw – bombs were dropped on that town and she felt she was in the way. Zach had come from somewhere, and so had the rest, excepting Alistair who seemed to have come from nowhere.

Michael, for instance (Aussprache nochmals: *maikl*), had come from Egypt (Aussprache *iehdjpt*), where Montgomery's Eighth Army had left him behind by mistake. Gertraude, ein sogenannter "tiefer Mensch", had earlier lived at Paderborn and was now called "Seelenleben" because she loved to use that word and nobody could help her to translate it. Sibyl & Marcel, both pretty "red", had been in Moscow, spying-spionierend for the British on the Soviets, and for the Soviets on the British, while working officially for the Red Cross.

But whatever our backgrounds, we had one thing in common: we were all living in dreary postwar London, and we had nothing to do.

"Dreary", nützliches Wort: öde, grau; das *ea* halb *i*, halb *ä*, bitte Lautschrift im Wörterbuch nachschlagen. Und "postwar": "Nachkriegs-", das o in "post" wie *ou*.

Alistair jedoch fing uns alle auf. Somit auch mich, und zwar in jenem "Teehaus" oder tea shop, in dem Patricia uns soeben vorgestellt-introduced hatte.

> *Exercise.* Please introduce (1) yourself to me, (2) me to your husband, and (3) your husband to me. Patricia showed you a few minutes ago how to do (2) and (3).
>
> (1) "I am Doosie." (2) "This is Werner." (3) "And this is Bert."
>
> Who is *Bert*? Please don't invent names. I have asked you to introduce me to your husband.

Alistair looked at me. "You want a job?" he asked.

(Ich garantiere: Alistair ist ein echter, sogar hochgebildeter Engländer, obwohl er nicht lehrbuchgerecht "*Do* you want a job?" fragte.)

"I do", antwortete ich hungrig-eagerly.

"You look a bit – er – artistic. Do you paint?"

"I am afraid I don't really", kam es kleinlaut von mir.

Dies schien jedoch die richtige Antwort. Alistair nickte befriedigt.

"I have a painting factory", sagte er trocken. Dann noch trockener: "Producing Abstract Art, on the conveyor belt."

Conveyor belt: Fließband.

"Piecework", he continued. "A quid per painting. Oil. Quick brushwork, dots, blots, spots, and *colour*. A good abstractor makes about twenty quid a day, an average."

Piecework: Akkord. – Quid: Pfund (Slang). – Dots, blots, spots: Kleckse. – Abstractor (in Alistair's private language): Abstraktkunstmaler. – Average: hatten wir schon mehrmals, bitte Wörterbuch.

"You want to join my factory?" he asked.

Natürlich wollte ich, an sich. Aber noch bevor ich mich zu einem Ja entschließen konnte – after all, I had never painted, gemalt, geschweige denn in Öl, oil, fiel Patricia ein: "Tell him, Alistair", und sah Alistair mit jenen liebesglühenden Augen an with which she had once looked into mine, under the capitalist blanket, and later into those of her red-bearded anarchist.

"Tell him, Alistair."

Diese drei Worte genügten. They released the Grand Speech, jene Große Rede, die ich später noch oft zu hören Gelegenheit hatte. Sie war immer dieselbe. Fanatics always say the same thing, and Alistair was a fanatic. This was his sermon, seine Predigt, und wenn er diese Predigt auch sicher schon an die tausendmal gehalten hatte, so wirkte sie immer noch überraschend spontan: In kristallklarem Queen's English perlte jede Silbe hervor, frisch wie am ersten Tag, geradezu selbstnachvollzogen, und vor allem *langsam*: he was anxious that no word should escape me.

Damit nun auch Dir ja kein Wort entgehe, hiermit The Grand Speech in a bilingual version:

"Painting Is Dead – die Malerei ist tot", verkündete Alistair. "Tot, sage ich, mausetot, as dead as a doornail, seitdem das zehntausendjährige Mysterium der Malerei, die alleinige Macht der *Abbildung* – the painter's exclusive power of creating likeness – unwiederbringlich durch eine lichtempfindliche Schicht zertrümmert wurde. The days of Holbein have gone. We are living in the days of Kodak."

"I don't say that photography and painting can ever be compared. But painting has been killed by photography – it is *dead*, and dead things naturally become *abstract*. What's left are slapdash smears – hingehauene Klecksereien. You need no artists for that, nor should you make people pay sky-high prices for the stuff. What you have to do is to accept the consequences and to find a sound production policy. I have found it."

Alistair sah mich bedeutsam an. "Der Stückpreis meiner Klecksfabrik – my factory price per smudge unit is, on the average, £ 5, for the art galleries. Thereafter, the galleries can charge the price they want."

Alistair rückte sich den Schlips zurecht. "My factory is going fine. The output is roughly two hundred units a day. This is the one and only answer to the dilemma of Modern Art."

Alistair's Grand Speech was over. Patricia strahlte ihn an.

The AAA or Abstract Art Association, die Fabrik also, befand sich in einer malerischen, etwa zweihundertjährigen Mühle oder *mill* (wobei "mill" übrigens auch "Fabrik" bedeuten kann), bezaubernd im lieblichen Surrey gelegen. Ein Flüßchen, eine Art unehelicher Nebenfluß der Themse, mit echten *trout* oder Forellen darin, trieb das Fließband, the conveyor belt. An diesem standen die Abstractors:

Gertraude of Paderborn, the one with the "Seelenleben", did the groundwork. While the canvases – "Leinwandflächen", oft auch das beste Wort für "Ölgemälde", aber in diesem Fall noch im Werden – while the canvases were slowly passing on the conveyor belt, she coloured them with her ego or, wie sie es selber nannte, mit ihrem "Tiefen-Ich", und zwar in Form von großen, grün-violetten Seelenklecksen von geradezu kosmischem Engagement.

Tatyana, next in line, added the intellectual or "sophisticated" touch, in der Regel Zacken, graphische Widerhaken, antisentimentale Kratzer u. dgl., wobei "u. dgl." lernenswert sein mag: and the like / et cetera (etc., & c.) / and suchlike / and so on / and so forth / and what have you / and God knows what.

Then came Johnny. He was meant to see to the "spontaneous" side of it, and he did so by means of – mittels freier

Spritzer, wütiger Querschmierer und, wie er es nannte, "ejaculatory overkill".

Canvas sections still empty at this stage – in diesem Stadium: at this stage, bitte merken – nun, diese noch leerstehenden Partien wurden von Patricia, die weiter oben am Fließband stand, mit schnurgeraden, viereckig-mondrianischen Mustern ausgefüllt. She probably chose those rigid patterns because they formed a pleasant contrast to her figure.

The next in turn was Zach. He specialized in what one might call "niceties" – schwer übersetzbar: "feinste Nuancen" oder auch "Kinkerlitzchen", in diesem Falle haardünne Strichlein, spermatoid geschwänzten Lebewesen ähnlich. This gave the canvas a naturalistic touch. (Nochmals: "canvas" bitte, oft besser als "oil painting".)

Then there were Marcel, Sibyl und Michael-*maikl*. They worked on a separate line, their creations being a mixture of collages, mobiles, and doodles. In this hotchpotch – bitte "hotchpotch" merken, Mischmasch – in this hotchpotch the most interesting word is *doodles*:

To doodle: während längerer Telefongespräche, Sitzungen u. dgl. geistesabwesend kritzeln, etwa in kreisförmigen Schlingen von den Ecken eines Notizblocks ausgehend oder auch von irgendeiner Drucksache, deren O, Q, Ö etc. man halb automatisch, halb freudianischanal-erotisch mit Hilfe eines Tintenkulis füllt. Die Tätigkeit heißt, wie gesagt, *to doodle*. Das Ergebnis: *a doodle*, häufigstes Kunstprodukt der Welt. Let's go on:

Alistair, finally, standing at the far end of the conveyor belt, gave the canvases the "last touch" as he put it, zumeist mit Zugabe kleiner Applikationen (selbstklebendes Konfetti, Nagellack, Briefmarken usw. – na schön, damit Du auch etwas davon hast: adhesive confetti, nail polish or nail varnish, and stamps). Ganz zuletzt, fast schon am Abhang des

Flüßchens, kam yours truly / “Ihr ergebener” / I / *me*, und zwar als Signierer. Als solcher hatte ich volle Pinsel- und Namensfreiheit, wählte je nach Bildcharakter – well, in keeping with the character and atmosphere of the stuff I chose names such as

or, to give two more examples from among my eight hundred signatures:

It was great fun – Denglish: it was funny. Denn es war nicht komisch, funny, sondern machte großen Spaß, it was *fun*. Insbesondere, da es mir oblag, to find not only signatures but also *titles* for the stuff.

Titles and artists’ names had to match of course, mußten zueinander passen. For instance, when it came to paintings which had much red in them, I usually chose a militant signature such as RAMSKY KORSÁKOWSKY, and then looked for some kind of explosive title in *Roget’s Thesaurus*, the classic book of English synonyms:

> Revolution. Overthrow. Clean sweep. Subversion. Uproar. Terror. Revolt. Riot (*rai-*). Rebellion. Insurrection. Putsch (from German). Coup d’état. Guerrilla. Violence. Crash. Smash.

Alistair told me that this "revolutionary" line went extremely well with the bourgeois public and that the galleries wanted more of them. The same was true of "swindle" titles (signatures VASARE DALLI, A. VON SCHNORRER, B. VON SCHMARRER, & c.), again from *Roget's*:

> Swindle. Fraud. Deceit. Bamboozling. Make-believe. Fake. Foul play. Dirty trick. Hoax. Humbug. Imposture. Cheat. Racket. Dodge. Con game (Hochstapelei, "con" for "confidence"). Lie. Fib. Whopper. Sham. Bluff. Spoof (slang). Podger (private slang).

These titles sold particularly well in Germany. Galleries reported that "diese leicht exotisch betitelten Werke kommen in ihrer befreienden Aufrichtigkeit besonders gut an".

Paintings which were particularly wishy-washy – thin, weak, feeble – were signed with a potent name like POUCK to give them some backbone-Rückgrat. By contrast – and this contrast sold very well – my titles for works carrying such virile signatures had no backbone at all:

Eat me
Cook me
Fry me
Boil me
Pee me
Urinez moi, s.v.p. (for Switzerland)
Der Pißmich (225 copies for Germany).

E. M. THOUSANDWATER, however, was a bit of a special case because Alistair, in giving him "the last touch", often spent hours in developing him into "something really big", as he put it. He went as far as passing him an to Marcel & Sibyl for gold, silver and other niceties taken from Cadbury chocolate boxes.

Wir anderen fanden diese Thousandwater-Bevorzugung ausgesprochen ungerecht, unfair, in fact we felt it was a piece of damned *cheek*-Unverschämtheit. Vor allem deswegen, weil weder Marcel noch Sibyl jemals daran dachten, uns auch nur eine der von ihrer Silber- bzw. Goldhülle befreiten Cadbury-Pralinen anzubieten. Johnny called them "bloody commies", i. e. communists, Tatyana called them "bloody capitalists" and I, no less interested in chocolates, abreacted – which is "abreagierte", and perfectly good English – I abreacted my rage-Wut in the titles:

Bloody Shit
Bloody Fuck
Bloody Cunt
Bloody Fucking Shit (et cetera: four-letter words)

– aber nichts half, das Zeug ging weg wie warme Semmeln, it sold like hot cakes (bitte merken), "Bloody Shit" alone reaching 5000 copies – ein Erfolg, den ich schließlich bei aller Wut als mein persönliches Verdienst ansah: Ich begehrte Gehaltserhöhung, I asked for a rise Amerikanisch: raise – and got it.

Genug. In der Rückschau, in retrospect, life at Woking, Surrey, could not have been better. But it could have been longer. The end was thus:

After a few months, Alistair started signing some paintings with his own name. (He did, however, change his first name: "Alistair", he felt, did not sound sufficiently international.) Shortly thereafter prices soared – gingen rapide in die Höhe – and Alistair painted more and more of the bloody stuff himself, from beginning to end, because – so he said – he had discovered that he was an Artist (with a capital A, groß geschrieben) and that he strongly believed in the future of Painting (with a capital P). It was thanks to Photography, he said, that the Art of Painting had found its True Character.

This gradually blew up the whose Surrey mill, sprengte das Ganze. Zach, as you may recall, joined Madame Tussaud's, das Wachsfigurenkabinett. Tatyana simply said "good riddance" – etwa: "schön, daß man das los ist" – and married a photographer of porno whom she keeps betraying with a painter of nudes-Akte. (She is a bitch, Tatyana, ein Luder, but a charming one.) Gertraude is now a "Hausfrau" at Paderborn, and one of the stoutest campaigners for the CDU. Marcel & Sibyl, still unmarried, launched-lancierten a Leninist-Trotskyist paper, *The Ninth International*, whose – ja, "whose" ist korrekt, "which's" gibt es nicht – whose first issue, No. 1, has hitherto been the last.

To complete the story, Michael went back to Egypt, and at present runs a night club at Cairo. Johnny and I got something like a job at the BBC, for some time. Patricia looked for work and found none (nothing), until she managed to get into an international team studying the psychodynamic reactions of people looking for work and finding none.

And Alistair is now one of the great painters of England; you have no doubt heard of him – bitte auf englisch, nicht zurücksehen: "Sie haben *zweifellos* von ihm gehört". As a matter of fact – in der Tat, sage und schreibe – as a matter of fact, he has recently been knighted (geadelt) and is now married to a German trapezist called Lisbeth Rutz or, an the trapeze, Lisa da Ruzzi.

Pity I didn't buy one or two of Alistair's paintings when he started. They would be worth a fortune now, ein Vermögen. Everyone is given at least *one* chance in a lifetime. I missed it. Cook me. Boil me. Fry me. Urinez moi, s.v.p.

P.S.

Vermutlich haben Sie über ein Wort hinweggelesen, das wohl das nützlichste der ganzen Alistair-Geschichte ist. Es ist die alte Leier: Sie haben das Wort so oft gehört, daß es in Ihnen keine Reaktion mehr auslöst, kein aktives Lernen; Sie verstehen das Wort, aber Sie wenden es selber nicht an.

"The proof of the pudding is in the eating" heißt es; frei übersetzt: "Probieren geht über Studieren." Statt meiner losen Vermutungen somit der praktische Test. Was heißt "finden" – meinen, für etwas halten, oft auch "glauben" – auf gutem, ungezwungenem Englisch? Antwort u. a. im zweiten Absatz der Alistair-Geschichte, wo das Wort zweimal vorkommt.

Sie wußten es? Dann wissen Sie vielleicht auch folgendes. Bitte um mindestens zehn englische Synonyme für "Schwindel". Ich nannte Ihnen über zwanzig aus Roget's "Thesaurus".

(Don't take this seriously, Doosie. But if you feel like it, look them up. You'll find them on page 203, indented, "eingezähnt", eingerückt.)

Und somit zum übrigen Abwasch. Bitte auf englisch:

1. "Wir fanden die ganze Sache ein bißchen faul." Weiter: Ölgemälde (eigentlich "Leinwand"); Mischmasch; Luder (Tatyana: a ..., but a charming one).

2. Fließband; Akkord; Gehaltserhöhung; eine (zerstreute) Kritzelei / kritzeln.

3. Sowjet; Ägypten; Moskau; "Der Zauberberg" (Thomas Mann).

4. "Es war komisch" / "Es machte großen Spaß".

5. "Schön, daß man das los ist" (oder so ähnlich: zwei Wörter). "Probieren geht über Studieren", frei übersetzt. Weiter, sehr schwer, habe es nur im Vorbeigehen erwähnt: "Ein wirklich großer Künstler". (Na ja, "a really great artist" – das kann ich auch. Anders bitte.)

I'll give you the answers right away because my questions weren't easy and I hate to tax your patience – ich will Ihre Geduld nicht überfordern. Übrigens: Bitte um ein sehr starkes "ich will nicht", das Sie sicher oft gehört, vermutlich aber nie gebraucht haben. Hier:

I hate to … (tax your patience).

1. We felt that the whole thing was a little fishy; canvas; hotchpotch; "Luder": bitch – leider in Taschenwörterbüchern zu grob mit "Hure" übersetzt. (Tatyana wasn't a *whore* or *tart*, I'm quite sure of that.)

2. Conveyor belt; piecework; rise, amerikanisch: raise; a doodle / to doodle.

3. Soviet; Egypt; Moscow; "The Magic Mountain".

4. It was funny / It was great fun.

5. Good riddance; the proof of the pudding is in the eating. Und nun die letzte Frage, "ein wirklich großer Künstler". Antwort: geschrieben "an Artist", gesprochen "an artist with a capital A" – wobei "capital" nicht im Sinne von Marx, sondern von Gutenberg, d. h. "großer Buchstabe". Ein anderes Beispiel: "He is a male with a capital M." (Wish you meant me.)

Doosie, verzeih, es war schwer für Sie heute. Und spät ist es auch geworden, unser stilles Frühstückszimmer hat sich wieder einmal in eine lärmende Gaststube verwandelt. Höre gerade von einem Stammtisch quer gegenüber:

"Na, mit England ist's ja sowieso aus."

Diesen Satz nehmen wir uns auf unser Zimmer hinauf, together with a glass of wine, or two glasses, as a nightcap, wörtlich "Schlafmütze", Bedeutung "Betthupferl" – please learn *nightcap*.

So, hier ist's ruhig. Let's have that sentence in English then:

"Well, Britain is finished anyway."

I am not so sure.

Ich habe Dir einmal das englische Wappen gezeigt, the British coat of arms. This was some time ago, when speaking of a certain Dr Liebermann and of V-E Day. Dieses Wappen zeigt so manche verrückte Dinge. For instance, it shows a unicorn, ein Einhorn, holding the Garter, den Hosenbandorden, and an the Garter there is a motto, in French:

Honi soit qui mal y pense.

Etwa: Ein Schuft, wer schlecht darüber denkt.

So manche denken schlecht darüber, nicht zuletzt in der Bundesrepublik. Man hört es immer wieder:

"Wie's da aussieht in England! Verfall und Abstieg überall. Wenn man das mit uns vergleicht ..."

To which one might reply this:

Never in history has a World Empire, ein Weltreich, collapsed more gracefully. Just think of Rome, Athens, or what you will. But while the largest Empire ever seen kept disintegrating during the last fifty years or so, and eventually-schließlich broke down, Britain has survived happily – survive: überleben. There are, it is true, serious difficulties. But there are trifles (bagatelles) when seen in historical perspective. In criticizing Britain, therefore, one should be a little careful.

Das alles hat Johnny viel besser gesagt, und zwar einem Herrn aus Bochum, der wie üblich von einem unmittelbar bevorstehenden Zusammenbruch Englands sprach ("her imminent collapse"):

"Sir, I doubt it. As a matter of fact, Britain collapsed long ago."

Don't forget your nightcap, Doosie. "Prost", wir hatten das schon einmal, heißt auf englisch "cheers". Und wenn Sie bei dieser Gelegenheit lernen wollen, wie man auf etwas anstößt, dann sagen *Sie*: "Here's to …"

Here's to England.

"Like many other things in life", said the Unicorn, "collapsing is a matter of training."

Introducing Johnny

Dear Doosie,
There is a post card on the breakfast table, for both of us. From Johnny.

"An uns *beide*? Müssen Sie das wirklich in alle Welt ausposaunen? Erst muß dieser Bertrand von mir wissen, und jetzt auch noch –"

Sweet of you, Doosie. I am happy to learn – lernen, *hören* – that you insist on the privacy of our relationship.

"Das habe ich nicht gesagt. Aber Klatsch und Tratsch –"

I am no chatterbox, Doosie, no "Klatschtante". I have never told Johnny or Bertrand that we

"– daß wir *was*?"

Forget about it, Doosie. If I were to tell you, you would find me indiscreet.

"Bilden Sie sich nur nichts ein. Mir macht's nun einmal Spaß."

What? Am I to be your stallion-Zuchthengst?

"Im Augenblick reichen Sie als Notbehelf."

I love your harshness, Doosie. It makes you look beautiful. And I love your "Sie".

"Es ist heiß hier."

If the breakfast room is too hot for you, we could do something about it. For instance, we could go up to my room and undress.

"Sie reden zuviel."

* * *

"So. Jetzt können Sie wieder reden."

All right. I'll tell you what we have been doing in my room. Or let's read Johnny's post card instead, for a change.

Dear Werner,
Awfully nice to hear from you, old chap.
I do hope that your literary expedition with
that Doosie girl of yours will lead to the
result I am sure you have in mind, meaning
BED rather than BBC. Give her my love and let
me know her telephone number.
Yours ever,
John

– wozu folgendes zu sagen wäre: 1. Ein Komma nach der Anrede, kein Ausrufungszeichen. Zwar sind Ausrufungszeichen im Englischen an sich erlaubt, aber infolge der gedämpften Tonlage dieser Sprache äußerst selten. As you know, English is the language of understatement. You were very good at it yourself a little while ago. I don't like that panting and screaming business.

2. Trotz dieses Kommas fängt der Text mit einem großen Buchstaben an, with a *capital*, bei Johnny z. B. mit Awfully, "schrecklich". Und daß der Text auch ohne weiteres mit einem "I" anfangen darf, habe ich wohl schon früher einmal gesagt, no matter whether that "I" is yours or mine, or ours – we enjoyed *ourselves* in my room, didn't we? (Cf.?/Vgl. page 194.)

3. In case you are a secretary: Bitte Johnnys Zeilenenden beachten. Kein Wort ist abgetrennt. Ebenso in getippten Geschäftsbriefen: Silbentrennung äußerst selten, die Zeilen brauchen absolut nicht gleich lang zu sein, wie man das oft in deutscher Handelskorrespondenz (vergeblich) versucht. – You *were* flexible, Doosie.

4. Johnny forgot the date, but I must teach you how to write it. Here is an example: 24 June 1999, viel moderner als "24th" – und bitte kein "of", kein Komma, kein Punkt, bitte glauben, trotz aller Lehrbücher, es ist bester Oxford-Stil. I

believe in simplicity/naturalness/nakedness, just as you did a little while ago.

5. If you haven't understood Johnny's BED/BBC pun, you'll certainly understand it later.

6. Deine Telefonnummer kriegt er nicht. Ich habe schon meine Gründe, I know why.

7. Dagegen kriegst Du eine kleine Telefonübung, und zwar völlig unvorbereitet. You need not know the answers.

a) Bitte die Nummer 22 69 44 auf englisch. b) Bitte "besetzt" auf englisch. c) Bitte "am Apparat" auf englisch, wenn also jemand anruft, nach Dir fragt und Du selber am Telefon bist.

a) Double two, six nine, double four. b) engaged – etwas amerikanischer: busy; ausführlicher: The line is engaged / busy. c) Speaking.

Please repeat (a) to (c) – I love ordering you about. "I would rather have Johnny's telephone number."

Nein, kriegst Du nicht.

"All right. Tell me about him."

Fair enough, "das ist nicht zuviel verlangt", *fair enough*, please remember. I have mentioned Johnny quite often, I may have made your mouth water, so I had better introduce him properly. Wobei folgendes zu merken wäre: To make someone's mouth water, jemandem den Mund wässerig machen, und 2. I had better, ich sollte. Most Germans say "I should" or "I must" when they had better …

"Well, do it then."

What?

"Tell me about Johnny."

John F. Harrison is about my age – which is exactly four years above yours. People say that he is even more goodlooking than I am, which, of course, is a lie.

Johnny was married three times, and then gave it up. His first wife was Natasha O'Connor, née Romanov or something like that. Natasha was born in Paris, of Russian émigré parents who claimed to be cousins of Czar Nicholas II, and when twenty-one she married an Irishman by the name of Gerald O'Connor, a wellknown manufacturer of Scotch whisky. This was before her marriage with Johnny. In fact, it was through Natasha, then Mrs O'Connor, that I got to know Johnny.

"Hush!" cried Natasha in the middle of the night and tried to push me out of her bed. Somebody seemed to be opening the front door of her Hampstead house. There was a jangle of keys, Schlüsselgeklapper.

"It's Gerald!" cried Natasha, meaning her husband.

Das war gegen alle Vereinbarung. Mr O'Connor hatte seiner Frau vor zwei Tagen ausdrücklich erklärt, er müsse auf vier oder fünf Tage nach Edinburgh fliegen (Scotch whisky). This was downright irresponsible-unverantwortlich. After all, a successful marriage is based an *trust*, Vertrauen.

"That's *his* funeral", wollte ich ob dieser Schlamperei sagen, "seine Beerdigung", d. h. sein Bier. Aber ich schwieg. As is generally known, the Irish are not only unreliable-unzuverlässig but also highly irascible-reizbar. For this reason I went to a cupboard and hid myself among Mr O'Connor's clothes (to hide, hid, hidden, verstecken). Ich hörte irische Schritte, "to hide, hid, hidden" klopfte mein Herz im Schrank, Unterprima, Prinz-Heinrich-Gymnasium, Oberstudienrat Dr. Hottenrott, "nochmals die ganze Klasse, eins, zwei, drei: to hide – hid – hidden".

The bedroom door opened. I heard a man's voice. It was a pleasant voice. As far as I could make out, there was not the slightest trace-Spur of an Irish accent in it.

"You may come out. Werner." This was Natasha's voice.

I hesitated – ich zögerte – and stayed in my cupboard.

"Do come out, Werner, it's just a friend of mine."

Natasha herself opened the cupboard.

"This is Werner", she said, "and this is Johnny."

We sympathized at first sight.

Johnny's second wife – to repeat, Natasha was his first wife, even if Johnny was her second husband, after Mr O'Connor – this second wife of his I also met in a bedroom, this time in my own.

As I may have said earlier, Johnny and I worked for some time at the BBC or British Broadcasting Corporation. This was before television. Our jobs were pretty humble, sehr bescheiden; wir waren "small fry", betriebliches Kleingemüse, weshalb wir natürlich auch keine Zuschriften bekamen, keine Hörerbriefe oder gar Hörerinnenbriefe, d. h. keine "LL" (Listeners' Letters), so heiß wir sie auch ersehnten. Besonders Johnny, der noch eitler war als ich, even more –

"Unmöglich!"

Unterbrich mich nicht, lerne lieber "eitel": *vain*, oder noch englischer: *full of oneself.*

Hungrig wie ein Löwe strich Johnny allmorgendlich an den LL's der Prominenten vorbei – an dicken Briefstößen für Angus Wilson, Graham Greene, Nancy Mitford, Thomas E. Littlepot und wie sie alle hießen. Er selber las damals die Börsenberichte der BBC, und wie angenehm auch immer seine Stimme, however pleasant his voice – in fact I had myself taken a liking to it when hiding in Natasha's cupboard – there was never so much as one single LL for him. Poor Johnny, he grew thinner every day, one actually *saw* him losing weight.

> This may interest you. To lose weight, *abnehmen*; to put on weight, *zunehmen*. But I like you as you are.

Bis eine Zuschrift kam, *one*. Wie ein Tiger stürzte er sich auf sie – sorry, I am mixing my metaphors, wie man auf englisch sagt, ich werfe meine Bilder durcheinander: Johnny erst hungrig wie ein Löwe-lion, und jetzt ein Tiger-tiger, Aussprache *tiegertaiger*; this is embarrassing in the company of Angus Wilson, Graham Greene, and Thomas E. Littlepot.

Wie ein Tiegertaiger also stürzte sich Johnny auf diese Zuschrift. It was typewritten, d. h. getippt, und zwar sowohl der Brief selber als auch merkwürdigerweise die Unterschrift. The signature was Sheila – hurrah! a woman! – Sheila Johnson, poste restante, London W.C.1. The letter said that she, Sheila, had heard his voice; that she had happened to hear the Stock Exchange News (Börsen- usw., ganz zufällig: she had happened to); that she had wanted to switch it off, ausschalten, because she wasn't interested in the Stock Exchange, but that she couldn't: she was spellbound-*verzaubert* by a voice so virile-*männlich*, so gentle-*sanft*, and so warm-*warm*.

Johnny answered instantly / immediately / on the spot / at once: he was *delighted*, he wrote, and suggested "a cup of tea" on Friday, February 26, at 7 p.m. sharp, Punkt 19.00 Uhr, in the cafeteria of the BBC.

Sheila – pronunciation *schieh(la)* – Sheila answered that she was *delighted* et cetera, and that she was very much looking forward to meeting him – sehr freuend sich auf treffend ihn, *nicht* "zu treffen ihn", *not* "to meet him", ich glaube wir hatten das schon einmal. Again: She was looking forward to meeting him.

Aber dazu kam es nicht. On February 26, at 6.30 p.m., Mr G. B. Gordon-Smith, 7th in command of the Fifth Division of the BBC – to us, the Boss – rushed into Johnny's office and asked him in that affected Oxford drawl of his – ouh-aah-ouh-Getue – whether he, Johnny, could read Thomas E. Littlepot's broadcast at 7 p.m. sharp, entitled "Primitive Sculpture and the Woman". *Un-foooh-tntly*, unfortunately, said Mr Gordon-Smith, Thomas E. Littlepot had had (kein Druckfehler) – had had a bad *moouh-trng äää-xdnt*, a bad motoring accident.

Johnny was beside himself with excitement, außer sich vor … usw. “This is the hour”, he said, “this is *the* opportunity …”

“What about that Sheila girl at 7 p.m.?” I asked.

Johnny had forgotten all about her. This was natural. What was a little poste restante girl against great Thomas E. Littlepot?

“Do me a favour, Werner”, he said. “Tell her I have … tell her you have … well, tell her anything, tell her that you are … well, that you are *me*, be *nice* to her …”, and off he went.

Sheila was beautiful. About twenty-one.

“I am John Harrison”, I said.

“I am Sheila”, she said and flushed-errötete.

When we were at home at my place – we took a taxi – she flushed again. She had fancied John Harrison to be altogether different, she said, ganz anders habe sie sich ihn vorgestellt. Ob ich ganz sicher sei, quite sure …

“Quite sure about *what*?” fragte ich beleidigt, lenkte aber ein, daß meine Stimme, my voice, vielleicht im Mikrophon …

“It’s not your *voice*”, she said and flushed again.

Na was denn sonst, zum Donnerwetter, dachte ich. Mein Gott, “John Harrison” kann doch schließlich jeder heißen, und was Alter, Scharm und äußere Erscheinung betrifft – well, I’ll be damned if …

Aber sie sträubte sich (es war an der Bettkante), sie wurde plötzlich steif wie ein Stock, “stiff as a poker” (ziemlich verbrauchte Phrase), und sah mich trotzig an.

“What’s your name?” she asked.

“My *name*?”

"Yes, your name." Sie hieße nämlich in Wirklichkeit auch nicht Sheila.

"Never mind", sagte ich großzügig.

"Now look here", she said gravely; "my real name is not Sheila but Jacqueline, and therefore" – she actually said "therefore", *deshalb* – "and therefore your real name cannot be John Har–"

"I am not quite with you", I said. Auf deutsch etwa: "Ich kann das nicht ganz nachvollziehen." (Bitte merken.)

Sie fing zu weinen an, she cried. (S. 181: man weint zumeist mit dem Zeitwort *cry*, eigentlich "schreien", viel seltener mit *weep.)* "Johnny", she sobbed-schluchzte, "I mean Mr Harrison", she cried, der sei ihr husband, ihr Mann, sie habe nur ein bißchen lieb zu ihm sein wollen, wegen der LL's, der Listeners' Letters, der Zuschriften, d. h. eigentlich wegen der Nicht-Zuschriften, sie hätte es nicht länger mit ansehen können, "I actually *saw* him losing weight", und deshalb habe sie ihm poste restante ...

She was still sobbing. I tried to comfort her, sie zu trösten (wir waren jetzt weit über der Bettkante): Erstens, sagte ich, hätte sich Johnny vielleicht gar nicht so terribly-schrecklich darüber gefreut, seine eigene Frau, his own wife, however sweet, wie süß auch immer, als einzigen Fan ..., es sei vielleicht nur gut so, daß nicht er, sondern ich ..., in fact it was a blessing in disguise (Redensart, wörtlich: "ein verkappter Segen", etwa "Glück im Unglück", ich sagte es ihr noch einmal, Deinetwegen) – "a blessing in disguise, really". Und zweitens – nun, ich berichtete von Thomas E. Littlepot und Johnnys nunmehr endlich winkendem breakthrough-Durchbruch.

She dried her tears-Tränen und schien beruhigt, ja schmiegte sich an mich, als ich ihr gestand, ich sei ein guter Freund von Johnny und hieße in Wirklichkeit Graham Greene.

"You are a cynic."

Don't say that, Doosie. Do you really believe that I ever pretended-vorgab to be Graham Greene?

"Never. You are much too full of yourself."

Good. That was tit for tat, Wurst wider Wurst. Zur Belohnung wird *tit for tat* im P.S. verhört und weiterhin auf der Stelle mit Johnnys dritter Frau illustriert.

Auch diese habe ich recht intim kennengelernt. A stunning girl, a smashing girl – "smashing" ist als Superlativ zur Zeit besonders beliebt –, ein phantastisches Mädchen namens Babs, short for Barbara, die ganze zwei Monate lang meine Verlobte war, my fiancée – until she met Johnny, that is.

(Dieses angehängte "that is" bedeutet etwa "und zwar", und "fiancée" wird französisch ausgesprochen, so gut das eben bei Engländern geht. Bitte französische Wörter im Englischen nicht zu perfekt auszusprechen. Im übrigen ist man heutzutage oft weniger streng verlobt und kann "my man" bzw. "my woman" sagen.)

… my woman, until she met Johnny, that is.

Weshalb Du Johnnys Telefonnummer eben nicht kriegst.

Meine kannst Du gerne haben. If you are interested, *that is*. Hab' sie Dir außerdem in unserem allerersten P.S. versprochen. Promises should be kept. You dial, *dai(e)l*, wählen – you dial Sweden first, and then Uppsala. When you have got those numbers, please dial-*dai(e)l* 13 57 44, "… double four" please. Leider schon sehr bald wieder aktuell. It *would* be nice to hear your voice in the Land of Silence.

Is it you, Doosie?

"Speaking."

Are you alone, Doosie?

"No."

Is your husband listening in?

"No."

Is it *Johnny*?

"No."

Well, who the hell is it then?

"It's you."

My lovely Doosie.

P.S.

It's past midnight again. Time is flying. Moreover, I have pangs of conscience, ein schlechtes Gewissen: Es ist schon ziemlich lange her, seitdem ich offiziell an Grippe erkrankte. In Swedish offices, a flu normally lasts four days, from Friday morning until Monday night. Wie lange können wir noch hierbleiben?

Wenn Du Dir bitte folgendes merken willst:

"Ich hoffe wirklich, daß …", schrieb Johnny auf englisch. Wie sagte er das? "I really hope that …" wäre nicht falsch. Aber er schrieb ausdrucksvoller. Bitte nachdenken, es kommt gleich. Bitte noch ein bißchen nachdenken. – So, jetzt: "I do hope that …"

Johnny verabredete sich mit Sheila "um Punkt 7 Uhr abends". In English, please. Again, you'll find the answer soon enough, but don't cheat. Put your fingers over the end of this paragraph, Absatz. Think first, please. Where are your fingers? "Exactly at 7 o'clock in the evening" –

– you *have* cheated. It would be much better English to say "at 7 p.m. sharp". (a.m., p.m. – vorm., nachm. – are pronounced like the letters: *ei emm, pi emm*. They stand for some Latin words which are of little or no interest: ante meridiem / post meridiem.)

Bitte übersetzen: a) jemandem den Mund wässerig machen; b) Wurst wider Wurst; c) Glück im Unglück.

Take your time for the answers. If you don't, take it for you.

Coffee?

We can have it as strong as we like. Much as I love Herr und Frau Schmidt, we are no longer dependent on their tastes.

How come? (American; Berliners would say "iss wahr?")

Well, it's a secret, and I keep it safely hidden under our bed. If you don't care to creep under the bed, you'll find it behind a map of Great Britain, on page 92.

To give you even more time to think, here are the answers in inverse order. If you don't understand "inverse order", you'll understand it now: c) a blessing in disguise; b) tit for tat; a) to make someone's mouth water.

Zu diesen Redensarten noch ein paar andere, ohne Lernzwang und ohne Verhör.

Nachdem ich heute morgen wieder einmal das englische Understatement erwähnte, gingen mir den ganzen Tag lang die verschiedensten Ausdrücke durch den Kopf. Eine ganze Welt von Redensarten und Sprüchlein kreist um dieses Understatement, vom feinsten Taktgefühl bis zur reinsten Perfidie. I should like you to know some of them; perhaps you know them already.

Taktgefühl, Selbstbeherrschung: Don't show your feelings. Don't hurt other people's feelings. Control yourself. Be a good loser. Keep a stiff upper lip. Mind your own business.

Taktik: Play it cool. Wait and see. Let sleeping dogs lie.

"Perfides Albion": Keep a poker face. Suffer fools gladly. Kill with kindness. Keep smiling. Let them stew in their own juice. Give him enough rope to hang himself.

(Weshalb Engländer bekanntlich die besten Spione der Welt sind. Wir anderen sind viel zu eitel, den Dummen zu spielen.)

Weisheit: Don't rub it in – "Reibe es den Leuten nicht unter die Nase". Don't labour the point – "Hetze eine Pointe nicht zu Tode". Don't gild the lily – "Vergolde mir die Lilie nicht".

Kanntest Du diese Ausdrücke? Habe *ich* sie denn gelernt? "Don't gild the lily": Ich habe oft in diesem Punkt gesündigt – "embarrassing", remember? I have sinned. But it is difficult not to sin with you.

"Sie reden zuviel."

I shall gild the lily. I shall tell you exactly what you mean by that.

"Sie reden zuviel."

Say that again.

"Sie reden zuviel."

Again.

"Sie –"

Again –

* * *

More about Johnny

D. D.,

Johnny was a man of mildly but persistently depressive temperament. Such men are not at their best at breakfast, nor is the week before Christmas their happiest time ... The house in Montpelier Square was as noiseless as a tomb, Babs (Barbara) had rung up from her house in Marlow as early as eight o'clock to inquire what arrangements her husband had made for his annual Christmas visit to her. Would he, she asked, arrange to bring down their son Frank? Mrs Larwood (Johnny's landlady, Wirtin) had tactfully refused to wake Johnny; she would see that he phoned Barbara during the morning, she said. The message was placed with the letters and newspapers beside Johnny's plate.

Wozu das nun alles? What's the big idea? Und worauf will ich eigentlich hinaus, what am I driving at? Eine kleine Falle, Doosie, a trap. Es ist der Anfang eines recht bekannten Romans, the beginning of a fairly well-known novel – *Roman* – novel – *Roman*, and a typically English novel at that, *obendrein*: it's intelligent, witty, and full of gossip – geistreicher Klatsch. Der Autor heißt Angus Wilson, und der Roman "Anglo-Saxon Attitudes". Kam gestern aus London von Johnny, "to brush up your English for D–ie". (What cheek! Eine Frechheit!) Habe das Buch vorerst nur angeblättert, englisch *browsed*, and now I copied the first paragraph for you, den allerersten Absatz, mit geänderten Namen. Denn erstens möchte ich Dich zum Lesen englischer Bücher ermuntern, *encourage*, und zweitens möchte ich gerne einmal wissen, wie Du diesen Text eigentlich gelesen hast. Nur ein Test, Doosie, und zwar wie folgt:

1. Nehmen wir an, gnädige Frau, Sie haben wild im Wörterbuch nachschlagen müssen – welche Wörter haben Sie

nachgeschlagen ... und welche Wörter haben Sie sich gemerkt? I am driving at something – ich will dabei auf etwas ganz Bestimmtes hinaus. Wenn Sie mir falsch zu raten erlauben – it's pure guesswork –, haben Sie vielleicht folgende Wörter nachgeschlagen:

> persistently, beharrlich. – tomb, Aussprache *tuhm*, Grab. – inquire, fragen. – annual, jährlich. – refuse, sich weigern. – message, "Botschaft", Mitteilung.

Gut. Löblich. Aber es gab noch wichtigere Ausdrücke. Haben Sie auf sie geachtet?

2. Nehmen wir an, let's assume, Sie hätten alles ohne Wörterbuch verstanden. Haben Sie dann alles als selbstverständlich hingenommen und überhaupt auf nichts geachtet?

I hope you don't mind my testing you.

Bitte übersetzen Sie folgendes ins Englische, ohne auf den Text zurückzuschauen. Mein Deutsch ist dabei etwas ungezwungen, auch variiere ich den Text etwas:

1. Er war nicht in bester Form ...

2. (... bester Form), auch war er nicht ...

3. ... schon um acht Uhr – bitte ohne "already", dessen richtige Stellung im Satz Sie sowieso in neunzig von hundert Fällen verpatzen würden.

4. Ob er (bitte) kommen wolle, fragte sie. (Für "ob" diesmal weder "if" noch "whether".)

5. Anrufen (telefonieren), zwei Ausdrücke bitte, sie standen beide im Text.

... 1–5, IN
... WRITING
... PLEASE

Na, wie ging's? Schlecht? Das wäre eigentlich gut – als Anschauungsunterricht, as an object lesson. Denn dann hätte ich mal wieder recht mit meinem "Lerne, was Du weißt", learn the things you know, lies und höre nicht über Dinge hinweg, die Du verstehst. Denn was man versteht, das kann man noch lange nicht selber sagen, und das Selbstverständliche lernt man fast nie.

"Eh?" Do you remember? The Spaniards? Wir haben doch schon so ein paar gemeinsame Jugenderinnerungen, Doosie. Schwer zu übersetzen, "common childhood memories" hat nicht den rechten Klang. But let me tell you a little story which has to do with it.

I am thinking of a lovely old don (don: hoher Akademiker). I had known him only for a few days. On the fourth or fifth day of our acquaintance he said something very nice to me. It was in the beautiful "quad" –Aussprache *kwodd*, eigentlich "quadrangle", Viereck, burgartiger Hof – of Oriel College, Oxford. The old professor looked at me and said in a low voice: "Real friendship is retroactive."

Retroactive: rückwirkend.

This is what I meant to say.

Ich habe vergessen, die obigen Punkte zu beantworten. I thought you might have checked these points yourself.

Was heißt "nachkontrollieren"?

To *check*.

In case you haven't checked:

1. Er war nicht in bester Form ... He was not at his best; 2. auch war er nicht ... nor was he ... 3. Schon um acht Uhr ... as early as eight o'clock. 4. Ob er (bitte) kommen wolle, fragte sie ... Would he come, she asked. Bei Angus Wilson stand übrigens: "Would he, she asked, arrange to ..." 5. Anrufen: ring up; phone.

Dazu noch, aber schau bitte nicht in den Romantext zurück: Neben Johnnys Teller, beside his plate, *lag* etwas, oder *war/wurde hingelegt*.

Zerquälst Du Dir jetzt Dein Gehirn mit *lie – lay – lain* bzw. *lay – laid – laid*? Bei mir liegt das auf immerdar in Trümmern, seit Dr. Hottenrotts unermüdlichen Bemühungen damals in Berlin. Sollte die Sache auch bei Dir völlig zerpaukt sein, so kann ich Dich trösten; denn später, weit von Berlin entfernt, machte ich eine Entdeckung: Die ganze lielay-Liegelegerei ist ziemlich akademisch, man sagt meistens *put* oder *place* (bei Angus Wilson: "The message was placed") – und am allerallermeisten … na, was? Zum Beispiel: "Da liegt eine Zeitung", "Da lag ein Blumenstrauß".

Es kommt in jedem zweiten englischen Satz vor. Immer noch nicht?

Hat man auch Dir Hottenrottisch beigebracht?

There is … there was …

Nun schön, Du magst das alles schon wissen. Ich aber wußte nichts davon, damals in Berlin.

Some years later, in Sweden it was, I gave my first private lesson in English. My pupil was a German girl called Antje. "Oh", she sighed, "if I could ever speak English like you but of course that's impossible, one must be an *Englishman* for that."

Ich wollte ihr nicht widersprechen, um nicht mein Gesicht – well, I didn't want to "lose face". Ich nickte ihr statt dessen wohlwollend zu, I gave her an encouraging nod, ein ermutigendes Nicken, und sagte ein tröstendes "Never give up hope, my dear". Im stillen dachte ich: Mensch, wenn Du wüßtest.

Du aber weißt.

Even Johnny didn't know in the beginning:

"For quite some time I was thinking you were English", Johnny told me one day. "But when I saw that you always had an attaché case with you, I knew better."

Attaché case: Aktenmappe. Letztere das untrügliche Zeichen – the infallible sign of a Continental.

"Besides", Johnny added, "you don't keep your money in your pocket."

"Don't I ?"

"Well, yes, but you have that extra thing for it."

Das Portemonnaie, the "purse": another infallible sign of a Continental.

Then Johnny told me about his latest –

Nein, vorher noch ganz kurz repetieren. Bitte übersetze "Falle" – ich stellte Dir heute eine – sowie folgende Wörter: Klatsch (und Tratsch); Absatz, d. h. Textabsatz; nachkontrollieren; auf etwas hinauswollen; ermutigen; Anschauungsunterricht.

There will be no translation this time. Please check the individual paragraphs of today's gossip, if you haven't found out what I am driving at with this little trap. It's an object lesson to encourage you.

As I was going to say, Johnny then told me about his latest amour. Her name was Harriet.

"It must have been a Thursday night", Johnny said, "when I met her for the first time – at the dance hall. I reported to work in the morning, after an hour or two's sleep, looking like a somnambulist. The day passed like a dream. After dinner I fell asleep on the couch and awoke fully dressed about six the next morning. I felt thoroughly refreshed, pure at heart, and obsessed with one idea – to have her at any cost. Walking through the park I debated what sort of flowers to send with the book I had promised her …"

"This sounds odd, Johnny", I said.

"Odd? Why?" he asked.

"Well, Johnny, you don't usually talk such a lot of nonsense."

"That's tit for tat", he said (again: Wurst wider Wurst), "remembering what you did to me this morning with Angus Wilson. I have been reading the beginning of Henry Miller's *Sexus*."

Wie ging's? Bist Du einigermaßen reif, englische Bücher zu lesen? Oder, falls nicht, hast Du wenigstens gelernt, was Du schon wußtest? Zum Beispiel:

ein Donnerstag*abend*: a Thursday *night*; – ich fühlte *mich*: I felt; – um jeden Preis: at any cost; – *Als* ich durch den Park ging: Walking through the park; – was für eine: what sort of.

Du liest ...? Sorry, what did you say?

Ach so, Du sagst, Du liest ein Buch des *Autors* wegen, nicht wegen "at any cost" und "sort of"?

This is admirable, bewundernswert. I should take you as an example.

Wie *ich* denn ein Buch lese? Fragtest Du das?

You did?

Must I answer?

I must?

Well, Doosie, it's hard to admit-zugeben, but I haven't read a book for quite some time.

I should have. But as things are, it's more fun writing bad books than reading good ones.

It's not the right thing to do, I know. But in certain circumstances – well, I'll make a drawing for you, and a limerick.

Good night.

A shipwrecked or *schiffbrüchig* cook
Felt lost in a desolate nook.
He wrote all the time
(per Flaschenpost, heim)
And read-*redd* no cookery book.

Inside Words

Our holidays are drawing to an end – unsere Ferien nähern sich dem Ende. This has nothing to do with an employer in Sweden – einem Arbeitgeber. I wish I had one. The fact is that my money is running out.

I told the Schmidts this morning that I'll be leaving an Thursday. That's in exactly three days.

In diesen letzten Tagen sollte ich ehrlich zu Dir sein. Ich bin es bisher nicht immer gewesen. Ich habe Dir allerlei vorgemacht. White lies, "Anstandslügen".

Let me tell you the truth, in English.

I have no employer in Sweden. I am doing there what most people of my kind are doing in a foreign country – odd jobs, Gelegenheitsarbeiten. I was not quite honest when telling you that I came here to spend an ordinary holiday. I came here to find a job in your country, and to stay.

In our breakfast room I have been looking at many vacancies, Stellenanzeigen, answering them one by one. Every second day or so I left our Gasthof for all sorts of interviews in all sorts of places. Without success. An hour ago I had an interview in Hamburg, with the usual result, and I am writing this in the train back.

Das alles konnte ich Dir nicht sagen. Vergebliche Arbeitssuche, mißglückte Rückkehrversuche: Ein solches Thema wäre sehr langweilig für uns beide gewesen, it would have bored us stiff – bitte merken: zu Tode langweilen, to bore stiff. Und peinlich wär's auch gewesen, "embarrassing". Habe statt dessen versucht, Dir und mir mit allerlei Kurzweil die Zeit zu vertreiben, oft in Wartehallen oder in der Eisenbahn wie jetzt, oder eben an unserem Frühstückstisch. Und in unserem Zimmer. Sehr oft in der Nacht.

The Schmidts have been very sweet. They must have guessed what it was all about. You should have seen Herr Schmidt coming to our breakfast table in the mornings, after the postman had called, shaking his head as if it were *his* fault:

"Wieder keine Post."

This morning when I told them I was going to leave, Frau Schmidt said:

"Wenn's nur das Geld ist –"

She looked at her husband, and Herr Schmidt said this:

"Wir meinen, Sie können hier doch ruhig weiterwohnen und noch ein bißchen weitersuchen oder –" (he smiled) – "na ja, eben weiterschreiben. Das bißchen Essen und Logis kostet uns doch nichts."

I have seen the Nazis. But I have also seen the Schmidts.

All the same, things can't go on like this for ever. I'll have another try during these two or three days, and I might even go to Stuttgart and Berlin. Wenn's wieder schiefgeht, hätten wir gratis unsere wichtigste englische Lektion. The most important thing to be learnt in English, and from the English, is to pull oneself together, to be a good loser, and never, *never* to be sorry for oneself.

This is why I should like to suggest that we go on as usual. Wir könnten uns zum Beispiel in diesen letzten Tagen ein wenig erinnern. Im Laufe unseres Zusammenseins kamen Wörter und Ausdrücke vor, an denen mir für Dich sehr viel gelegen ist – words that are very English and that make you feel at home. Let me call them "inside words"; for in using them you may almost feel like an insider. No good being an outsider.

Laß mich ein oder zwei Dutzend dieser Wörter aus den vergangenen Wochen herausfischen, damit Du sie Dir noch einmal einprägst. Auch wird in Wartehallen und Vorzimmern von Personalchefs reichlich Zeit dafür sein, ein Geschichtchen um jedes dieser Wörter herumzuspinnen, als kleine Gedächtnishilfe. I am looking forward to doing it. You will be my employer, love.

Werde Dir auch jedesmal die Seite angeben, wo das Wort vorkam. Das Ganze wohl am besten alphabetisch. Und beim letzten Wort wird der Koffer gepackt sein.

Now what's the matter? You look strange. Have I been melodramatic again? Sorry, Doosie, I didn't mean to be. I simply wanted to tell you. As long as things can be told, they are not sad.

Come on, Doosie, "inside words", alphabetically.

Oder vorher noch ganz schnell das Heutige; bitte um:

1. Arbeitgeber; 2. zu Ende gehen (mein Geld); 3. Notlüge; 4. Gelegenheitsarbeiten; 5. zu Tode langweilen.

1. employer. 2. run out. 3. white lie. 4. odd jobs. 5. bore stiff.

Dazu noch drei Vokabeln, die Dir vielleicht schon bekannt sind: *watch*, beobachten; *pot*, Topf; *boil*, kochen. Dies aus folgendem Grund:

Als ich vorhin von der Post erzählte, auf die ich jeden Morgen warte, fiel mir ein sehr schönes englisches Sprichwort ein, das Du unbedingt lernen mußt, gleich noch hier im Zug. Auf deutsch etwa: Wer wartet, der wartet vergebens. Auf englisch:

A watched pot never boils

Manchmal aber wartet man nicht vergebens. Das kommt sehr selten vor. Ich kenne einen solchen Fall.

"Ich auch."

Sagtest Du das? Say it again, Doosie, in English.

"Nein."

I see. You've had enough of that sentimental rubbish of mine. Forget about it. But I still want you to say *ich auch*, in English.

"Sie reden zuviel."

Undress. In the train. Say: *ich auch.*
"I also."
Wrong. Go on.
"I too."
Not good enough. Go on.
"Me too."
Good. But I still want –
"So do I."
Good. I still want – – again: ICH AUCH!
"Same here."
That's it. SAME HERE.
"Du redest zuviel."

* * *

Grevesloh. Have you ever heard of Grevesloh? They told me to change trains at Grevesloh, and Grevesloh is here. Inside words, Doosie, after Grevesloh.

after all 98 (you'll find the word on page 98)

A seventy-year-old man was going to marry a girl aged nineteen.

"Just think of it", a friend warned him, "when you'll be eighty, your wife will be twenty-nine."

"Well", said he, "twenty-nine is no age, after all."

as it were 56

"It's strange", Johnny said one day, "it's really strange: These liberated young women in their sexy jeans – when naked, they look old-fashioned, as it were."

bother 33

Never bother your boss with details. He may ask you later what you have done about them.

bully 82

ADAM: "… but He told us not to eat it."
EVE: "Never mind that bully."

casually 90

In one of their frequent quarrels, Johnny's first wife threw a lamp at him.

"Sorry, darling", Johnny said casually, "I didn't know that you disliked that lamp."

cry 217

If you absolutely must *weinen*, please CRY, don't WEEP, and remember a nice English proverb:

It's no use crying over spilt milk.

True, *zugegeben*, there are there famous old lines: Laugh, and the world laughs with you;

Weep, and you weep alone.

drudgery 179
Casanova was known to be
A lover who loved *wie noch nie.*
  But sometimes in bed
  He's said to have said:
"What terrible drudge-ry!"

embarrassing 175
For quite some time Johnny had been in love with a girl called Janet.

"Is she married?" I asked him one day.

"I don't know", he said, "we have been together for almost a year – it would be a little embarrassing to ask her *now.*

eventually 57
We shall all die eventually – nicht nur "eventuell".

fed up 91
He was fed up with life, so he tried to hang himself. He tried and failed six times, and then got fed up with that, too.

fishy 196
A man known as Henry MacLame
Said Leberecht Schnautz was his name.
  It was fishy, no doubt,
  But someone found out
That the man wasn't one and the same.

Sorry, Doosie, the Bundesbahn is to be blamed for my limericks. The clattering rhythm of the train is ideal for making them up. Going to Hannover, by the way. Someone is looking for a copywriter – die Anzeige sucht einen Anzeigenschreiber …

for good 139
A fellow who lived in a wood
Was washing his face as he should.
  But one day *(er soff)*
  He washed his face off,
And had to stop washing for good.

(By the way, Hannover was a flop, which means "fiasco" and makes me happy because it's a very good word for you to know. Once more, to the tune of the Bundesbahn: flop – flop – flop.)

fun/funny 202
A girl of Sankt Pölten called Anni
Explained why her husband was funny:
  "At first he was fun,
  d. h. *lustig*, mein Mann,
But now he is funny – er kann nie."

I'm afraid 71
When meeting a mouse at a gate
The cat spoke of *Schicksal* or fate:
  "I'm happy to meet you,
  And sorry to eat you,
But that's your fate, I'm afraid."

imagination 17
A eunuch who loved copulation
Was using his imagi–
– now this is in another train, but you must be tired of my limericks. Let's have a pause.

(What? O yes, sorry, I forgot, "eunuch" ist pronounced *júhn(e)k*, more or less.)

The train quietly moves through the DDR, back to our place. I was in Berlin this morning, pronounced *b(ö)línn*, talking about a job to newspaper people who had asked me to see them. The result helps us to repeat a useful word. Remember? The word was *flop*.

For the rest, it was quite something to see Berlin again, if only for a few hours, with you.

Nothing seemed to have changed since the days of Oberstudienrat Hottenrott – nothing at all. This may sound odd to you. But, to quote the late President John F. Kennedy, "Ich bin ein Berliner".

The houses have gone, and the streets, and much more. But the people, I felt, were the same. For instance, I met a strange fellow called "I" and discovered that he had not changed a bit.

Believe it or not, it was there that I saw again, for the first time alter so many years, the greatest poem I know, a poem that has formed my life as an author:

> Schreibste mir,
> Schreibste ihr,
> Schreibste auf MK-Papier.

I am writing on it now, in the shaking train. I shall write on it for the rest of my life. I have bought plenty. When the last sheet of paper has gone, I shall say *Mensch haste nich jesehn*, and I shall die happily in your arms.

Inside words, continued:

It all depends 169
"Berlin is no longer the same",
Complained an elderly dame.
  "When I was nineteen
  Berliners were keen,
But now they are lousy and lame."

(Noch mal lesen bitte, es funkte bei Dir wohl nicht ganz mit Aussprache und Betonung von "Berlínn".)

muddle through 135
An Englishman aged forty-two
Was typing and ruined the *u*.
  He felt that the *z*
  Could be used instead
And typed "I'm mzddling throzgh".

Oddly enough, ... 55
In his lifetime van Gogh painted 486 oil paintings. Oddly enough, 8975 of them are to be found in the United States.

of all ... 140:
There are beautiful animals like the lion and the eagle. Why is it that we descend-abstammen from the ape, of all creatures?

(I hate to say that to you, of all people.)

patronizing 82
Father Christmas, also called Santa Claus, in German *Weihnachtsmann*, patted little John an the back and said: "Now, my dear have you been a good boy all year round?"

Little John looked at Father Christmas and said: "Don't be patronizing, uncle George."

pun 15
There was a young *Nonne* or nun
Who liked to undress in the sun.
  The sun and the wind
  Kind of gave her a *Kind*.
(She said it was only a pun.)

Quite! 166
Tatyana (ich schrieb's seinerzeit)
Had a lover almost each night.
  When her husband (old, rich)
  Called her *Luder* or bitch,
Tatyana simply said: "Quite!"

rub in 221
A London girl, Linda or Lin,
Was loved by a man in Berlínn.
  "Ich lieb' Dich unsäglich",
  So schrieb er ihr täglich,
Yet Linda wrote: "Don't rub it in!"

shut up 167
Two men in a Birmingham pub
Were drinking their fill like a tub.
  After dozens of beers
  The one babbled: "Cheers!"
The other said: "Drink and shut up!"

I, too, have to shut up. The suitcase is packed. I'll fly to London tonight. It looks like an opening – please remember "opening", it's a good word for "opportunity" or "chance".

A few weeks ago, I saw an interesting vacancy. A publishing house in London, Bowels & Son, were looking for an editor (in German: Redakteur). I answered at once. They phoned yesterday and said that I was an their "short list" – auf deutsch wohl "engere Wahl". They'll even pay the flight.

Nice of them. So it will be either England or Sweden in the future. The former would be better than the latter.

Was heißt "ersteres" und "letzteres" auf englisch? Danke.

I told little Alice that we will leave tonight. Alice, you know, is Mr and Mrs Schmidt's daughter, about seven years old. She made a little drawing for us – yes, Doosie, for us: Children have imagination.

As you will see from the drawing, I helped her to write "good-bye". She liked that word, and I had to promise her to say so tonight both to her and to her parents. There will be no "auf Wiedersehen" then. It will help.

The Sorriest of Countries

My dear Doosie,
It is early in the morning. I am sitting in a little Bloomsbury espresso bar, by a window facing – or opposite to – a corner of the British Museum, London.

I arrived here last night. It is hardly a day since we said good-bye to Alice and her parents. Bowels & Son, you may remember, are paying the flight. The interview will be in about two hours.

Das gibt uns zwei hoffnungsvolle Stunden. After all, it is not impossible that I may get the job. Whatever the outcome (which is another word for "result"), these are two hopeful hours.

Ich habe mir vorgenommen, Dir in diesen zwei Stunden, in dieser Espresso-Bar, etwas zu beschreiben, das eigentlich Monate in Anspruch nehmen sollte. Aber es muß schon in diesen zwei Stunden sein. Denn wer weiß, ob ich nach dem Interview noch dasselbe Mitteilungsbedürfnis haben werde.

Somit ein Versuch, den man auf englisch eine *tour de force* nennt – bitte merken, vermutlich in keinem Wörterbuch auffindbar, weil's "Französisch" ist. Bedeutet etwa "Kraftakt", in diesem Falle: England in zwei Stunden.

Two hours for describing the most – – gebraucht man heute auch im Deutschen das Wort "zivilisiert" im Sinne von "Kultur", *mitbürgerlicher* Kultur? Oder assoziiert man dieses Wort immer noch, wie einstmals Dr. Hottenrott, mit Telegraphenstangen?

Two hours for describing the most civilized country an earth.

Let me try to do it by telling you of three conversations which I have had since I arrived here last night. Most people will have them within a few hours of their arrival here.

1. The silent conversation

Das stille Gespräch. I mentioned it some time ago – you may remember a London underground Lift, "Position Number One". Aber ich kann es nicht oft genug beschreiben.

You are in a street, in London or elsewhere. More often than not (unbeholfener: "frequently") – more often than not passers-by will notice you, even look at you perhaps, discreetly, "out of the corner of their eye". And when the street is crowded or a little narrow, they will "go out of their way" when meeting you, almost demonstratively.

"Going out of one's way", ausweichen. Und mehr als das: sichtbar Rücksicht nehmen – kommunizieren.

This is the silent conversation. It will carry you wherever you go. Trägt wie ein stilles Gebet. You are no longer alone.

Gradually, allmählich, almost unnoticeably, fast unmerkbar, a strange thing will happen: you will go out of your way yourself. You will be taking part in this silent conversation. For the first time in your life you will speak *English*.

It was a few years ago. "Just look at them", Johnny said, in Stockholm, in a street –

"– just look at these Swedes", Johnny said. "They see nothing. They say nothing. They are all wrapped up in invisible plastic bags, or in their bloody Volvos. This is no country. This is the Moon."

Wrapped up, eingepackt, in unsichtbaren Plastikbeuteln. Sprache: Verkehrszeichen.

"I believe in human communication, Werner." Das war zwei Tage später gewesen. Noch nie hatte mich Johnny so ernst angesehen. Hinter einem Zugfenster hatte er gestanden, via Calais auf immer zurück nach –

"Give my love to –", my voice failed me.

"I will", said Johnny.

When they go out of their way, in the street, in the underground, everywhere, and when they don't quite succeed, Dich zum Beispiel leicht berühren oder zu berühren glauben – das kommt auf einer so dicht bevölkerten Insel recht oft vor –, dann sagen sie ein Wort. Oder noch besser, *Du* sagst es, denn jede Berührung ist gegenseitig. Es ist fast das häufigste Wort der englischen Sprache.

The word is "sorry".

This is the sorriest of all countries – the happiest.

Gestern abend zum Beispiel:

I left my luggage at the hotel and went to a pub. I had two beers or three, so eventually, *schließlich*, I went to the Gents – or "lavatory", remember? – well, anyway, I went there to have a pee ("peepee", wenn Du das besser verstehst; aber man sagt nur "pee"). Then I washed my hands and, after the day's flight, my face. This took some time.

Nun ist bekanntlich in England sehr vieles altmodisch, ruckelig und provisorisch, *makeshift*, and people are *muddling through*, wir hatten das schon. Was unter anderem darauf beruht, daß England ein sehr altes und sehr früh industrialisiertes Land ist und eine Bevölkerung hat, die zwar nicht ausgesprochen faul ist, aber auf jeden Fall – well, they have no English word for the German "Arbeitstier", and they will never have it.

As a consequence, the lavatory of that pub looked poor; it dated back to 1880 or so. Since then, the pub must have been expanding – the pub growing bigger, and the lavatory growing smaller. Jedenfalls war die Toilette jetzt so eng, daß sich die Eingangstür bedrohlich nah gegenüber meinem Waschbecken befand und sich noch obendrein, moreover, nach innen öffnete. Während ich mich wusch und diese Tür im Rücken hatte, konnte mir somit mein Hintern sehr deutlich melden – my behind could clearly register whenever someone entered or left the lavatory.

There must have been some twenty people coming and going behind my back, bumping that door as many times against my bottom (buttocks, posterior, behind). And twenty or more times I heard that word. It varied a little in proportion to the intensity of the bump:

"Oh, sorry."

"Awfully sorry, sir."

"Terribly sorry."

"Sorry." (This was a gentle one.)

"I am *so* sorry."

"Sorry, terribly sorry – did I hurt you?"

Bei dieser letzten Frage konnte ich mich nicht mehr halten. "Not at all", I said, "I actually *enjoyed* it."

Das mußte ironisch klingen, ich hätte es nicht sagen sollen. Wie konnte dieser Mann denn wissen, daß der Besitzer jenes Hinterns – that the owner of that bottom had tears in his eyes because –

– well, "I believe in human communication, Werner".

Und was das obige kleine Wort *hurt* oder "weh tun" betrifft, so setzt es Berührung voraus. A touch seldom hurts. What really hurts is its absence.

3. The heavenly conversation

Merkwürdigerweise schien jener Mann mit dem "Did I hurt you?" meine komische Antwort irgendwie-somehow verstanden zu haben. Denn nun sagte er:

"Chilly day today, isn't it?"

Das berühmte englische Wettergeschwätz. Many foreigners call it *silly*, blöde. Let me call it heavenly, himmlisch, weil doch alles Wetter vom Himmel kommt, und mit ihm auch der innerste Kern dieses Wettergeschwätzes, selbst in einer ruckeligen Pub-Toilette:

I was accepted.

I was accepted as someone to whom someone else felt like talking.

I was accepted as a member of a group: as a citizen, als Mitbürger.

As a citizen of the most civilized community on earth.

Bin ich wieder zu pathetisch?

Nun gut, dann kann ich's auch anders sagen:

Chilly day today, isn't it, Doosie?

In the taxi, on my way to Bowels & Son, kritzele dies in aller Hast hin, es fiel mir eben ein, es ist *wichtig*, oder bin ich jetzt nur überspannt mitteilsam, wir sind übrigens gerade in Regent Street, gleich Piccadilly Circus mit unserem Eros – doch, es ist wichtig, obwohl Du die Sache vielleicht schon kennst: If you have hurt someone – wenn Du jemandem weh getan hast, wie sehr, wie tief auch immer, und dann zu ihm gehst oder zu ihr und ein ehrliches "I am sorry" sagst: dann ist Dir verziehen, bedingungslos, *unconditionally*, kraft eines ungeschriebenen, im englischen Sprachbereich absolut zwingenden Gesetzes. Wer dieses Gesetz nicht anerkennt, ist ein Barbar. Wie das Taxi rüttelt, da kann ja keiner schreiben, keep your fingers crossed for B&S, Daumen halten, noch ganz schnell dazulernen bitte, dreimal laut sagen, keep your fingers crossed, keep your – the Bus! the Red Bus! der dunkelrote Doppeldeckerbus, the London double-decker, sieh mal ganz schnell hin – oder dort, dort, da kommt schon wieder einer ... Gott, daß ich Dir das noch zeigen konnte. Doosie: Wo die stummen Dinge zu uns sprechen, wo sie uns etwas sagen, SAGEN – es ist das stillste aller Gespräche – – dort ist Sprache, dort sind wir zu Haus. Stop, Bowels & Son, Taxi bezahlen, beim Kritzeln am Eros vorbeigefahren, ohne es zu merken, sorry, I love you, sorry.

Printed in …

I am writing this in an aeroplane thirty thousand feet above the ground, which is about 10,000 metres. Below there is an immense blanket of white clouds. We may be over England still, or over Germany right now, over Worpswede even. Or over Sweden already. There was some trouble at the airport, some risk of highjacking by some terrorists, the route was suddenly changed, even the airline was, and the Lufthansa took over from BEA.

So I don't know where we are. Nor does it really matter. Wenn Du nur dieses eine weißt: Wir sind irgendwo hoch über den Wolken in einem Flugzeug, and this aeroplane – amerikanischer: airplane, am einfachsten wohl "plane" – this plane will inexorably, unerbittlich, land in Sweden. Weshalb dies die letzten Seiten sind.

Was frühere Seiten betrifft, so nahm ich bei meiner Arbeitssuche die Gelegenheit wahr, die Sache ein paar deutschen Verlegern zu zeigen. They looked at the first two or three pages and then said they weren't interested.

Bowels & Son, too, were a flop. You know the word "flop" by now, and I'll give you details later. Anyway, they were generous enough to pay the entire fare – "fare", wichtiges Wort: Fahrgeld.

Johnny kam auf den Flugplatz. "We are no longer getting older", sagte er und sah mich an, "we are getting old."

"Yes, Johnny."

"Don't give up", sagte er, und dann, als ich durch die Paßkontrolle ging, von der anderen Seite der Sperre her, kaum mehr hörbar: "Love to Doosie."

Nicht aufgeben? Ein schwedischer Papierkorb wartete auf diese Seiten. But then I remembered.

Die ersten englischen Wörter meines Lebens, ich sah und lernte sie als Kind, in Berlin, waren diese:

Printed in Germany.

Mein Vater erklärte sie mir. Sie standen am Anfang seiner Bücher. Er war Schriftsteller. Bis Hitler kam. Er hatte seine Brille hoch auf die Stirn geschoben, mich angesehen und mir diese drei Wörter erklärt. Ich war elf Jahre alt, ich liebte seine hohe Stirn mit der heraufgeschobenen Brille, und ich beschloß, Schriftsteller zu werden. Viel ist geschehen, aber nichts hat sich daran geändert. Nothing.

I said I would give you a few more details about Bowels & Son. The interview was anything but encouraging – "anything but": alles andere als. My England trip was "a fool's errand", schwer zu übersetzen, "ein Narrengang", oder besser: "für die Katz". Schön, daß ich Dir diesen Ausdruck noch beibringen kann.

Zwar war Bowels & Son in der Tat so etwas wie ein Verlag, auch suchte man einen "editor prepared to do any work", wie die Anzeige lautete, und weiß Gott, I am prepared to do any work. But the managing director merely offered "freelance work", freiberufliche Tätigkeit, and none of it in England. Books of a "certain content" arriving from Amsterdam were to be distributed by me in Sweden. Der "gewisse Inhalt" dieser Bücher, in luxuriösen, mit Golddruck geprägten Schweinslederbänden eingebettet, in pigskin bindings, bestand aus *drugs*, umgangssprachlich auch dope genannt. Rauschgift, zumeist Heroin.

Das lag mir nun nicht ganz, "it wasn't my cup of tea", wenn Du diesen Ausdruck bitte noch ganz schnell dazulernen willst, Du kannst auch "it went against the grain" sagen, gegen den Strich. Nun, der Direktor gab mir großzügig das Geld für den Rückflug – nochmals: the fare –, wohl als Schweigegeld, hush money. Obwohl eigentlich nicht viel auszuplaudern war: He had not mentioned his name, and "Bowels & Son" was not engraved on a shiny brass plate but scribbled on a piece of paper stuck on the door of the fourth floor of a ramshackle house. Not even the secretary seemed to be permanent. Diese Sekretärin – darf ich das auf deutsch erzählen?

Diese Sekretärin begleitete mich nach der Unterredung durch einen langen dunklen Korridor zur Tür. Sie war wohl nur pro Stunde angestellt, oder gar pro Interview, sie schien nichts mit der Sache zu tun haben zu wollen, schien sogar in jenem dunklen Korridor verächtlich mit den Achseln zu zucken und mir verstohlen zuzulächeln, geschwisterlich fast oder noch mehr. Sie war sehr schön, sie sprach mit einem starken deutschen Akzent, vielleicht war sie aus der gleichen Stadt wie ich, womöglich aus der gleichen Straße, ich glaubte diese Stimme mein ganzes Leben lang gehört zu haben. Sie sagte an der Tür:

"It was good of you to come."

Es mag am Scheitern der letzten Hoffnung auf Arbeit gelegen haben oder – es ist dasselbe – an einer Steigerung aller Sinne: Ich wollte sie umarmen. Sie rührte sich nicht und sah mich seltsam an.

Wo Du auch immer bist: Du warst es.

Dann sagtest Du leise:

"Auf Wiedersehen."

Und noch leiser:

"Good luck."

Es ist dunkel geworden, es wird Nacht. Das Flugzeug scheint sich gesenkt zu haben, die Wolkendecke rückt näher, jeden Augenblick wird das Flugzeug durch sie hindurchgehen, die kalten Kiefernwälder werden auftauchen, die schwarzen.

Ja, jetzt.

"Ladies and gentlemen, we will soon be landing in Stockholm. Please fasten your seat belts …"

Die schwarzen Kiefernwälder, die stummen, die ver–

– kann dieses ... can this bloody Lufthansa thing not even *crash*?

It can't?

Did you say that?

You did?

Do you really mean to say, Doosie, that a Lufthansa plane *cannot* crash, einfach nicht abstürzen *kann*? "Es kann nicht. Wenigstens nicht jetzt."

Na schön, es kann also nicht, jetzt. Dagegen kann etwas anderes passieren, jetzt, und zwar Dir:

Es kann Dich jemand lieben.

That would be the other alternative and no mistake – *and no mistake*, LERNEN, "darauf kannst Du Gift nehmen".

Die Brücke, Doosie, unsere Brücke aus Papier. I'll fight for it, I'll bloody well fight for these three words:

Printed in Germany.

Mit dem Kopf durch die Wand, zu Dir.

"Exil" – das Wort klingt plötzlich wie ein Waschmittel.

Wäschst du wenig
Wäschst du viel
Wasche Wäsche mit –

Die Kiefernwälder da unten sehen eigentlich recht nett aus, findest Du nicht? Ein bißchen Grün ist sogar drin, mitten in der Nacht. Und die kleinen Lichter da rechts unten, anheimelnd direkt. Schweden ist ein schönes Land, wenn man Wäsche wäscht für zwei. Sag mal, welchen Umschlag möchtest Du denn haben? Steht Dir Grün? Blau? Rot? Would you care for a picture of a fireplace, *Kamin*, to remind us? Na, ich werde mir schon was Schönes für Dich ausdenken. Und ganz vorne, am Anfang, wie einst, werden als erste englische Vokabeln drei Wörter stehen, for which I shall fight until – bum – ruck –

“Ladies and gentlemen, we have now landed in Stockholm. Please remain seated until the engines have been cut off. Captain Schröppke and his crew would like to ...”

Very good, excellent, da haben wir ja noch ein paar Minuten Zeit, long live Captain Schröppke and his crew-*kru.*

Kannst Du mir bitte noch ganz schnell Deine Adresse geben, und Deine Telefonnummer, bitte.

Du kannst nicht?

Doosie, wir haben Eile, keine Fisimatenten jetzt, don’t make a fuss.

Es geht “rein technisch” nicht?

I see. Ich sehe das ein. Wirklich, ich glaube Dir. Wir müssen uns da in aller Eile eine andere Verabredung ausdenken, warte mal –

Sorry, it will only take a minute or two, it’s important I’m afraid. Nein, das galt nicht Dir, die Stewardess wollte uns hinauskomplimentieren, das Flugzeug ist mittlerweile fast leer. Doch angesichts meines untadeligen Berliner Oxford-Englisch hat sich die Dame von der Lufthansa verbindlichst zurückgezogen. Again, Doosie: When talking to Germans there is no better language than English.

Was nun aber den obigen und weitaus wichtigeren Punkt betrifft, our “date”, so ist mir inzwischen eine Idee gekommen. Schlage Dir hiermit etwas vor, was auf englisch *blind date* heißt, eine “blinde Verabredung”, oder pedantischer ausgedrückt: ein Treffen zweier Personen, die sich vorher nie gesehen haben. Ist Dir doch recht, im Prinzip?

Gnädige Frau, ich bin so frei, das anzunehmen. Was wir für unser Treffen brauchen, ist nichts als ein bißchen *imagination* – wir hatten das bereits in unserer allerersten Lektion – und vor allem absolute Gleichzeitigkeit – “Now”, do you remember?

(Wie die guckt, die Stewardess, aber laß die man.)

Weiter brauchen wir noch ein Datum. We need an exact

day and an exact hour for our blind date – there is no imagination without reality. (Never mind that stewardess, let her look at us as much as she pleases.)

Somit in Eile – Captain Schröppke and his *kru*-crew scheinen auf uns zuzukommen – in Eile:

Gnädige Frau, was sagen Sie zu – what about Friday, 10 p.m. sharp?

"sharp": *Punkt* zehn Uhr abends, zwecks besagter Gleichzeitigkeit. You can count on me: I shall be punctual, and as to imagination –

Yes, Captain, just a moment, we'll be off in a second – Come on, Doosie, quick. Here's a note for you, take it – yes, it's on your right, *rechts*.

Geliebte,
Friday,
every Friday,
10 p.m. sharp,
for ever.

Dear Doosie,

You are probably the one and only person who has read this book up to this very last page. Therefore you may consider the Diploma to be for you alone.

1 Carefully detach the Diploma – I mean remove it, cut it free.

2 Write your name on the dotted ..... line, BLOCK LETTERS please.

3 Mount-aufklebe your diploma on a large piece of cardboard-Pappe. It will look more impressive.

4 Have the whole thing framed-eingerahmt.

5 Hang it over your bed.

6 Tell other people it's a joke.

7 It isn't.

8 Each Friday, remind yourself of the grades printed on the Diploma. Then, beginning at 10 p.m. sharp, join your Rector in saying aloud:

– satisfactory
— good
— very good
—— excell

DIPLOMA

THE OXFORD UPPSALA LANGUAGE SOCIETY

herewith certifies that

....

has passed the Proficiency Examination
in the English Language
with the grade

.........honours.........

(Grades: satisfactory / good / very good / excellent / honours)

THE RECTOR

HONI SOIT QUI MAL Y PENSE